オープン・イノベーションの実践ツール

新規事業のためのCVC活用の教科書

CORPORATE VENTURE CAPITAL

CVC JAPAN株式会社
代表取締役社長
立教大学ビジネススクール
特任教授
冨田 賢
Satoshi Tomita

SOGO HOREI PUBLISHING CO., LTD

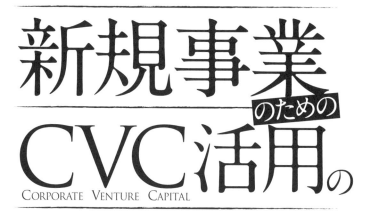

はじめに

この数年の日本企業の業績は、好調が続いてきました。その中で、内部留保を貯め込んできている企業が増加している状況にあります。このような状況の下、今後の企業経営を見据えた際、何をすればよいのでしょうか？

事業にも、人間の一生と同じようにライフサイクルが存在します。そのため、売上・利益を享受できていた事業も、いずれは終焉を迎えます。その一方で、企業は、人材や工場設備などの固定費を抱えています。それらのコストをまかない、企業をさらに発展させていくためには、**継続した新規事業の立ち上げが不可欠**です。

しかしながら、社内の経営資源のみを用いるのでは、新規事業のシーズとなる技術やアイディアを創出するのに限界があることもまた事実です。

したがって、これからの時代に新規事業の立ち上げを推進していくには、**オープン・イノベーション戦略、すなわち、外部のベンチャー企業等が生み出した技術やアイディアを取り込んで、社内の経営資源と組み合わせていくという発想が大切**です。その重要なツールが、**コーポレート・ベンチャーキャピタル（Corporate Venture Capital　ＣＶＣ）**です。

ＣＶＣとは、事業会社が設立するベンチャーキャピタル（ＶＣ）のことです。具体的には、将来有望なベンチャー企業に出資という形で投資することで、投資先企業の持つ技術やアイディアを取り込むことを言います。

ＣＶＣ投資の形態には、ファンド、事業会社の設立した子会社ＶＣ、事業会社の直接投資など何種類かあります。しかし、投資の目的は、**フィナンシャル（金銭的）なリターンではなく、投資先との事業シナジーや新規事業立ち上げのシーズ獲得など、ストラテジック（戦略的）なリターンを目指します。**

ＣＶＣ設立によるベンチャー投資は、もちろんリスクも伴います。しかし、本書で解説するように、ベンチャー投資は「分散投資」や「マイルストーン投資」などの投資理論にきちんと従って行えば、それほどリスクが高いものではないと言えます。

筆者は、次の時代を見据えた新たな収益源や事業の柱を作っていくために、みなさんにぜひＣＶＣを有効活用していただきたいと考えています。その手引書となるのが本書です。

〈本書の構成〉

本書では、何種類かあるCVC投資形態の中で、とりわけ**専用ファンドの設立、すなわち「二人組合（ににんくみあい）」の形態によるCVCを中心**に、新規事業立ち上げのためにCVCをどのように設立して、運営していくのかについて、筆者の実務的な経験に基づいて解説していきます。

まず第1章では、継続した新規事業立ち上げの大切さやオープン・イノベーションによる新規事業創出について解説します。なぜ今、CVC設立が必要なのかを理解していただきたいと思います。

第2章では、ベンチャーキャピタルについての基礎知識を解説した後、CVC設立のメリットや効果、ベンチャー投資の理論について解説します。ここではCVC設立のメリットを網羅的に理解していただきたいと思います。

第3章では、CVCの形態ごとに、それぞれのメリットとデメリットについて比較して解説します。ここでは、外部VCを活用した専用ファンド（二人組合）の形態（図表1）の利点を説明します。また、ファンドを設立するための根拠法についても解説します。

第4章では、投資対象企業の発掘にあたって投資対象分野の決定、海外投資の取り扱い、

図表1　外部VCと組む専用ファンド(二人組合)での投資スキーム

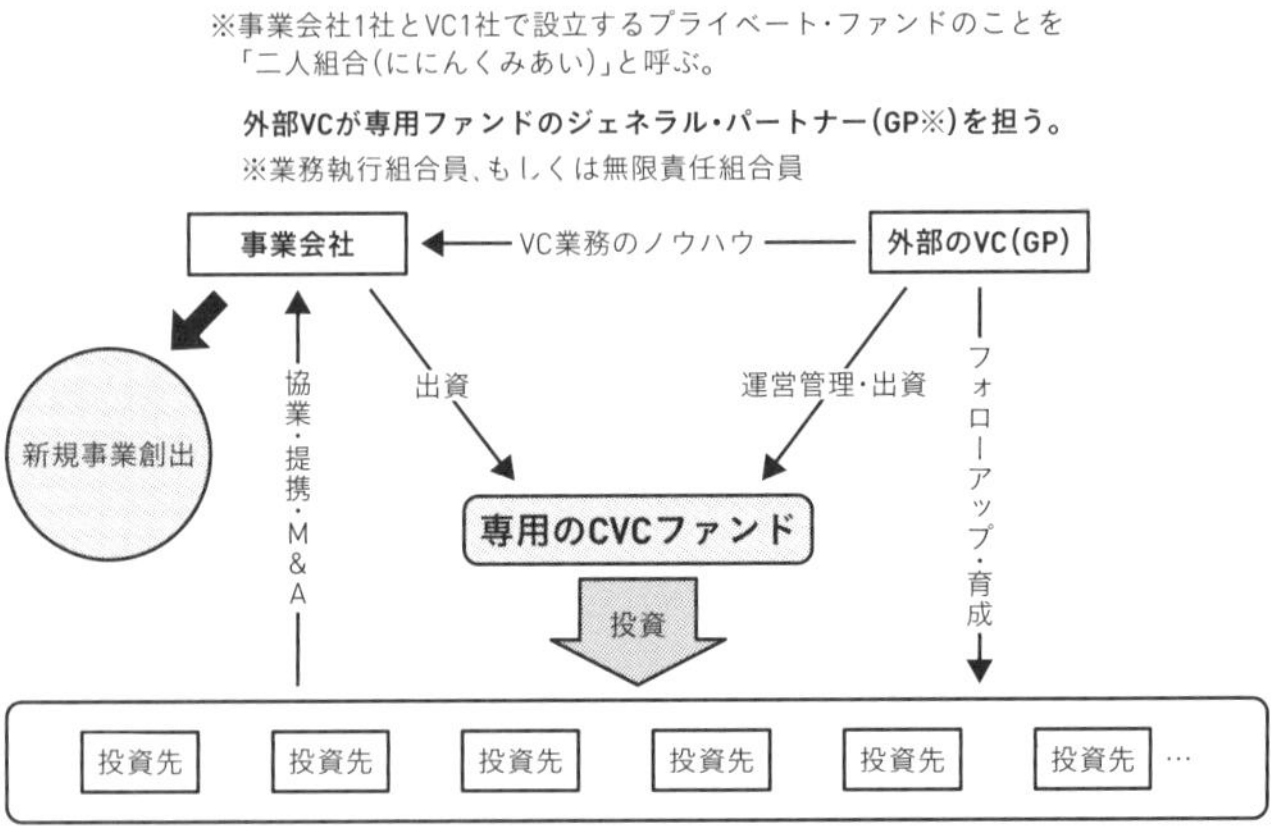

案件発掘の仕方、デュー・ディリジェンスの進め方、投資委員会の形成と意思決定などについて解説します。筆者の実務経験をもとに書いてあります。

第5章では、投資後のフォローアップ、投資先ベンチャー企業との協業の推進、投資のエグジット（出口戦略）の捉え方、投資先ベンチャー企業とのコラボレーションの難しさなどについて解説しています。また、CVC投資の評価や組織上の阻害要因についても触れています。

その他、付録として、昨今米国カリフォルニアでアーリー・ステージでの投資において中心的な投資手法となっている「ディスカウント型コンバーティブル・ノート」について紹介・解説するほか、ＣＶＣの事例も、筆者が教授（特任）を務める立教大学大学院ビジネスデザイン研究科（ＭＢＡコース）の「ベンチャー金融論」での受講生の発表事例をもとに収録しています。

最後に、ＣＶＣ投資を含むさまざまなオープン・イノベーション戦略を積極的に採っている株式会社クレディセゾンの林野宏会長との対談を掲載しました。

本書の執筆にあたっては、筆者がＣＶＣの運営を受託する企業との守秘義務の関係から、あいまいな表現や解説にならざるを得ない部分もあります。その点については、事情をご理解いただけたら幸いです。

本書が、ＣＶＣを用いて新規事業の立ち上げに取り組もうとしている方々に少しでも役立つことを願うとともに、幅広く新規事業立ち上げの打開策を得たいと思っておられる多くのビジネスパーソンの方々にお読みいただけたら幸いです。

２０２０年１月吉日

ＣＶＣ　ＪＡＰＡＮ株式会社　代表取締役社長　冨田　賢

装丁／小松 学（ZUGA）
本文デザイン&DTP・図表作成／横内俊彦
校正／矢島規男

第1章

オープン・イノベーションによる新規事業の立ち上げ

1　日本企業を取り巻く環境と新規事業立ち上げの必要性

◉今これからは、CVC設立が経営の大きなテーマに

２０１４年から２０１７年にかけて、日本の東証一部上場企業・中堅企業は、非常に好業績が続きました。２０１８年3月決算からは若干減退に転じていますが、ここ数年の好業績の結果、**バランスシートの右下（資本の部）に利益剰余金として多くの内部留保を貯めている東証一部上場企業が増えています**。また、新聞報道によると、東証一部上場企業のうち、なんと54％の企業が、バランスシートに借入と現預金が両建てで載っており、実質、**無借金経営の状況**になっています。

しかし、利益をただ貯めているだけでは新しいものを生み出すことはできません。業歴の

図表２　内部留保の有効活用

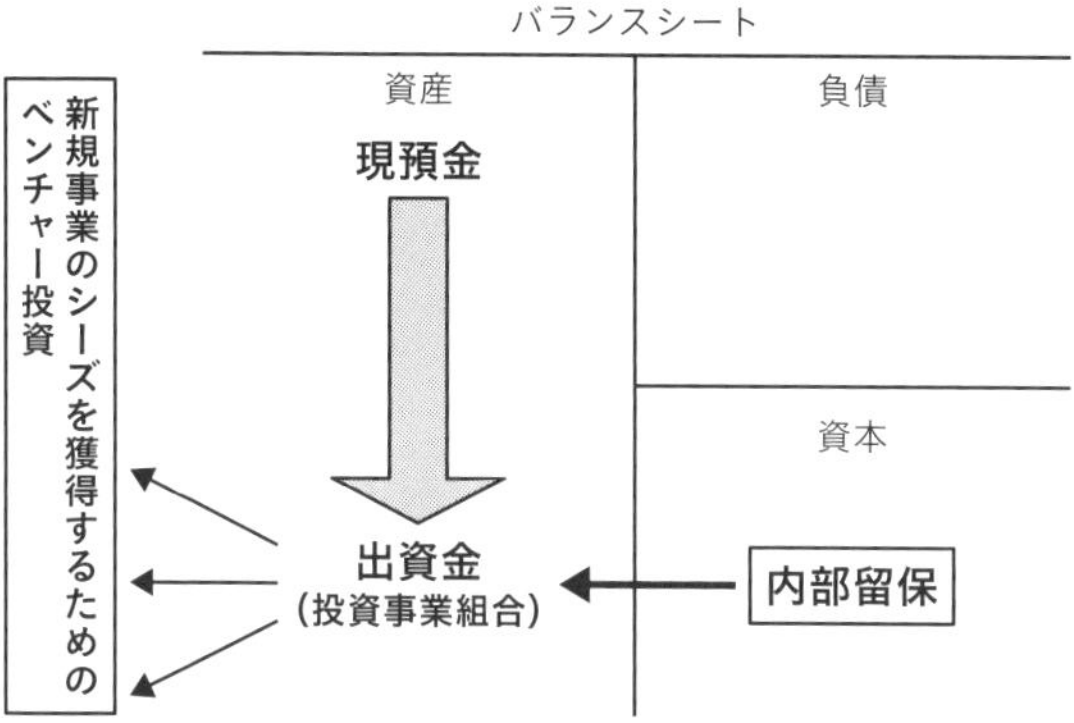

投資事業有限責任組合法によるファンドの持ち分は、
投資有価証券として計上

長い会社であればあるほど、長年にわたって蓄積してきた内部留保をいかに有効活用できるかが、今後の成長性を決めます（図表２）。

一方、事業には必ずライフサイクルがあります。特にこれからの時代、外部環境の変化はかつてないほど速く、また激しいものになることが予想されます。その結果、事業のライフサイクルはますます短くなります。そういう意味で、企業はこれからの時代、現在の売上や規模を維持するために、**継続的に新規事業を立ち上げる必要**があります。

ＣＶＣ設立による新規事業の立ち上げは、この**「内部留保の活用」という面で、有効な施策**と言えます。日本の景気は２０２０年の東京オリンピック・パラリンピックに向けて引き続き拡大しています。リスクをとって、新規事業を起こしたりベンチャー企業への投資を行ったりといった新しいことを始めるには、今が最適のタイミングと言えます。

ＣＶＣの立ち上げ自体は最速で３カ月ぐらいで可能です。ただし、外部の経営資源を活用したオープン・イノベーションやアライアンスなどについて社内全体の合意形成にかかる期間も考えると、半年から１年半くらいかかると考えてよいでしょう。

いずれにせよ、**新規事業立ち上げのためのＣＶＣ設立は、経営上の大きなテーマとなっている**と捉えることが重要です。

◉日本の大手企業の経営課題

ここまでの話を大手企業にフォーカスして説明しましょう。

日本の大手企業に共通する経営課題はいろいろあります。繰り返しになりますが、既存市場が縮小している以上、新しい市場と新しい事業の創造が必要不可欠になります。

特に少子高齢化の影響は深刻になっており、業種によりますが、国内マーケットが縮小してきています。さらに人手不足の問題も加速しています。このような状況は企業経営に深刻な影響を及ぼしていきます。

また、業界の垣根が曖昧化し、成長分野であっても異業種からの新規参入や新たな技術の流入があって、従来の競争環境が一変してしまうこともあり得ます。

このような環境変化に対し、**企業の社内にいる技術者は、一般的に既存技術の改良は得意であるものの、革新的な技術の開発は不得手であるとされています**。「大手企業ほど破壊的なイノベーションを生み出しにくい」というハーバード・ビジネス・スクールのクレイトン・クリステンセン元教授が提唱した「**イノベーションのジレンマ**」が当てはまる企業が多い状況です（詳細は後述）。

その一方、前述したように内部留保を貯め込みすぎて、**ＰＢＲ（株価純資産倍率）が低い企業が増えています**。また、２０１４年に出されたいわゆる「伊藤レポート」が「日本の上場企業の資本効率（ＰＥＲ）が低い」という指摘を行ったように、収益性が低い企業も多い状況です。

かつては無借金で内部留保をしっかり貯めているのは、安全で堅実な経営を行っていることの証でした。そのような財務状況は、かつては美徳とされました。

しかし現在、このような財務状況は「効率的で積極的な経営がなされていない」と言われても仕方ありません。外資系のバイアウトファンド、あるいは株主から見れば、「経営陣は何をやっているのか」と思われても仕方がない状況になってしまっているのです。

◉これからの時代は継続的な新規事業の立ち上げが必須！

新規事業立ち上げの必要性について、本書の読者のみなさまはすでに十分理解されていることと思いますが、本書をお読みいただく際の前提となりますので、改めて説明します。これからの時代の特徴として大きく2点が挙げられます。

1つ目は、「**これから日本経済が右肩上がりで大きく伸びることは期待できない**」という現実です。人口減少と高齢化が同時に進行する中で、「日本経済が一方的に成長していく」というシナリオを描くのは現実的ではありません。

2つ目は、前述したとおり外部環境の変化がさらに速く激しくなることにより、業種にもよりますが、「**事業のライフサイクルがさらに短くなっていく**」という現実です。競争もますます激しくなってきています。従来の競合以外に、異業種からの新規参入も増え、さらに海外企業との競争も考えられます。同時に従来の取引関係も維持することが困難になっていきます。なによりも、新しいことに取り組んでいかなければ、組織は自然と澱んでいきます。

このような時代に企業が生き残るには、**継続的に新規事業を立ち上げて、新たな売上を確保する必要があります**。それには、専ら自社の経営資源だけに頼るのではなく、**外部の経営資源を活用するオープン・イノベーションを実践することを検討する必要があります**。

企業とは、新しい製品を生み出して世の中に提供し、人々の役に立って初めて存続できるものです。そして、このことが社員一人ひとりの働き甲斐につながります。社員のモチベーションを向上させ、企業としてさらなる高みを目指していくためにも、新規事業の立ち上げは至上命題だと言えます。

◉新規事業の立ち上げパターン

新規事業立ち上げのパターンは、「**オープン・イノベーション**」と「**クローズド・イノベーション**」の2つに大別されます（図表3）。

「オープン・イノベーション」という言葉は日本でもすでに定着していますが、実は比較的新しい概念です。経営コンサルタントやベンチャーファンドを手がけていたカリフォルニア大学バークレー校（UCバークレー）の**ヘンリー・チェスブロウ教授が２００３年に『オープン・イノベーション』という書籍で提唱したのが始まり**です。

オープン・イノベーションとは、おおまかに言えば、「**外部企業が開発したものを取り込む**」という考え方です。単に外部のものを取り込むだけでなく、「**外部のものと内部のものを組み合わせて、新しいものを生み出す**」という発想です。新規事業の立ち上げという文脈では、外部の企業等と連携することにより、技術やアイディアなどの新規事業シーズ、人材などの経営資源を獲得し、社内の技術や経営資源と組み合わせて、新規事業を立ち上げることを言います。

それに対する概念が、クローズド・イノベーションです。自社内でアイディア出しを行ったり、自社内で研究開発を行ったりするなど、社内の経営資源を使って新規事業を立ち上げることを指します。自前主義とも言います。

日本企業は、製造業を中心に、いわゆる**ＮＩＨ（Not Invented Here）症候群**、つまり「自社で開発したものでなければ意味がない」とする傾向が強いと言われます。その背景として、中央研究所など社内の研究部門で生まれた研究成果が高度経済成長期に多く出て

図表3　新規事業の立ち上げパターン

①自社内でのアイディア出し
- サービス
- 商品
- プロモーション

②自社内での研究開発（R&D）
- 製品
- 素材

→ **クローズド・イノベーション**（自前主義）

③社外からのシーズの獲得（技術シーズ、事業シーズ）

→ **オープン・イノベーション**（外部と連携、外部から獲得）

きたという経緯が挙げられます。「自社内で生まれたものが尊い」というメンタリティが日本人の特性として強いのです。

◉自前主義からの脱却

しかし、競争が激化する現代及び将来においては、外部から積極的に人材や技術、アイディアなどを取り込んでいかなければ、成長は望めない状況になりつつあります。

これからの時代、新規事業を始めるにあたっては、**自前主義からの脱却**、すなわちオープン・イノベーションで取り組むことが大切です。社内だけで新規事業がなかなか進まない場合、外部の技術やアイディア、人などの経営資源を取り込むことで現状をブレイクスルー（打破）していくわけです。このとき、新しい技術やアイディアを有しているベンチャー企業との連携（アライアンス）が不可欠となります。

筆者が学会で発表した企業間アライアンスのマッチングの数理モデル（慶應義塾大学での博士号取得で行った研究）では、アライアンスとは「経営資源の交換」を前提とします。自社が何らかの経営資源を提供する代わりに、相手からは別の経営資源を提供してもらうという考え方です。つまり、**外部から新しいビジネスのシーズや自社で不足している経営資源を獲得する**わけです。この場合のビジネスのシーズとは、新技術や事業アイディアを指します。

筆者はこの2年くらいの間に、海外を中心にベンチャー企業7～8社に対し、CVCによる投資を行っています。投資先は主に米国カリフォルニアやシンガポール、オーストラリア、そして日本のベンチャー企業で、大部分はAI（人工知能）やIoTなどの分野における技術シーズの獲得を目指した投資です。また、インターネット上でビジネスマッチングを行うビジネスモデルの会社にも投資していますが、この場合は事業シーズの獲得をめざした投資です。

図表4　オープン・イノベーションの手法

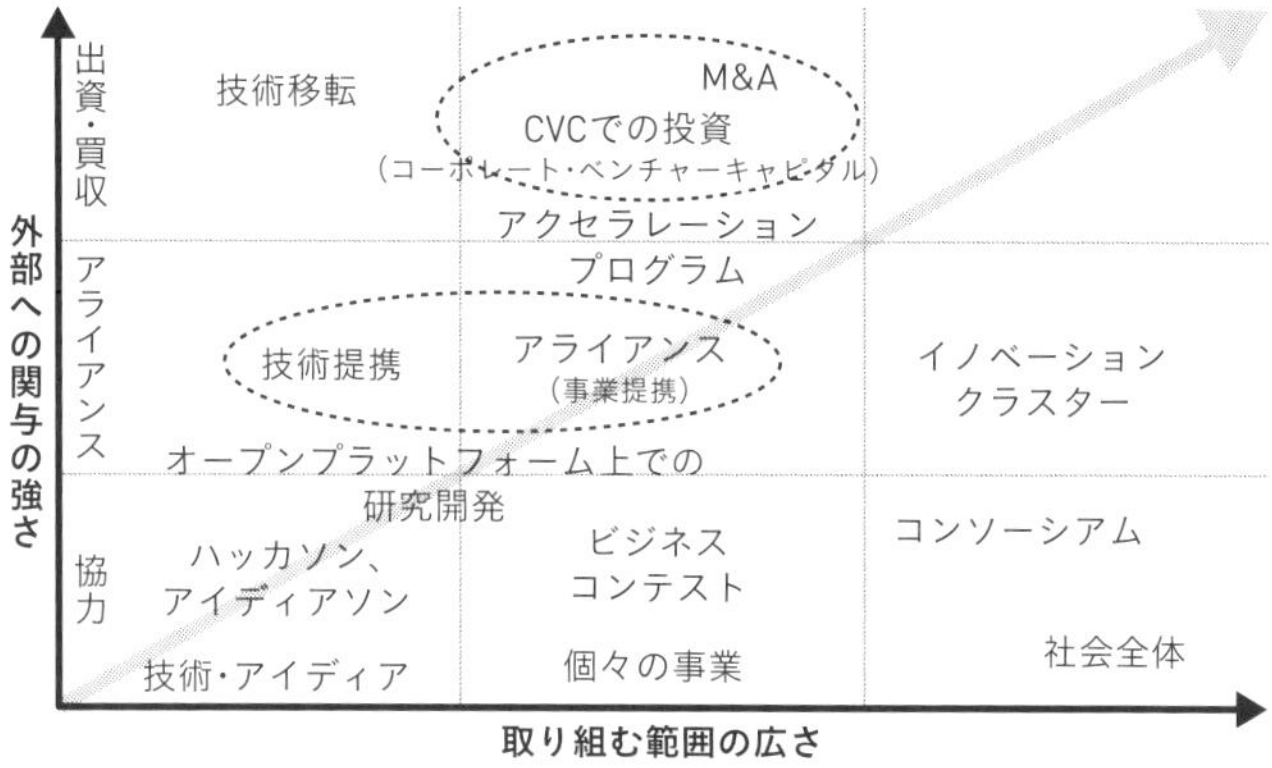

出所：トーマツ・ベンチャー・サポート(2017年)を参考に冨田賢作成

◉オープン・イノベーションの手法

オープン・イノベーションの推進に用いられる方法を、外部への関与の深さを縦軸、取り組む範囲の広さを横軸にして図にまとめてみると、図表4のようになります。

CVCは、アクセラレーション・プログラムよりもう少し上のところ、M&Aよりも下の部分に位置するものであることを把握した上でCVC設立の流れを進めましょう。

個々の事業のレベルで、出資を行う手法となります。

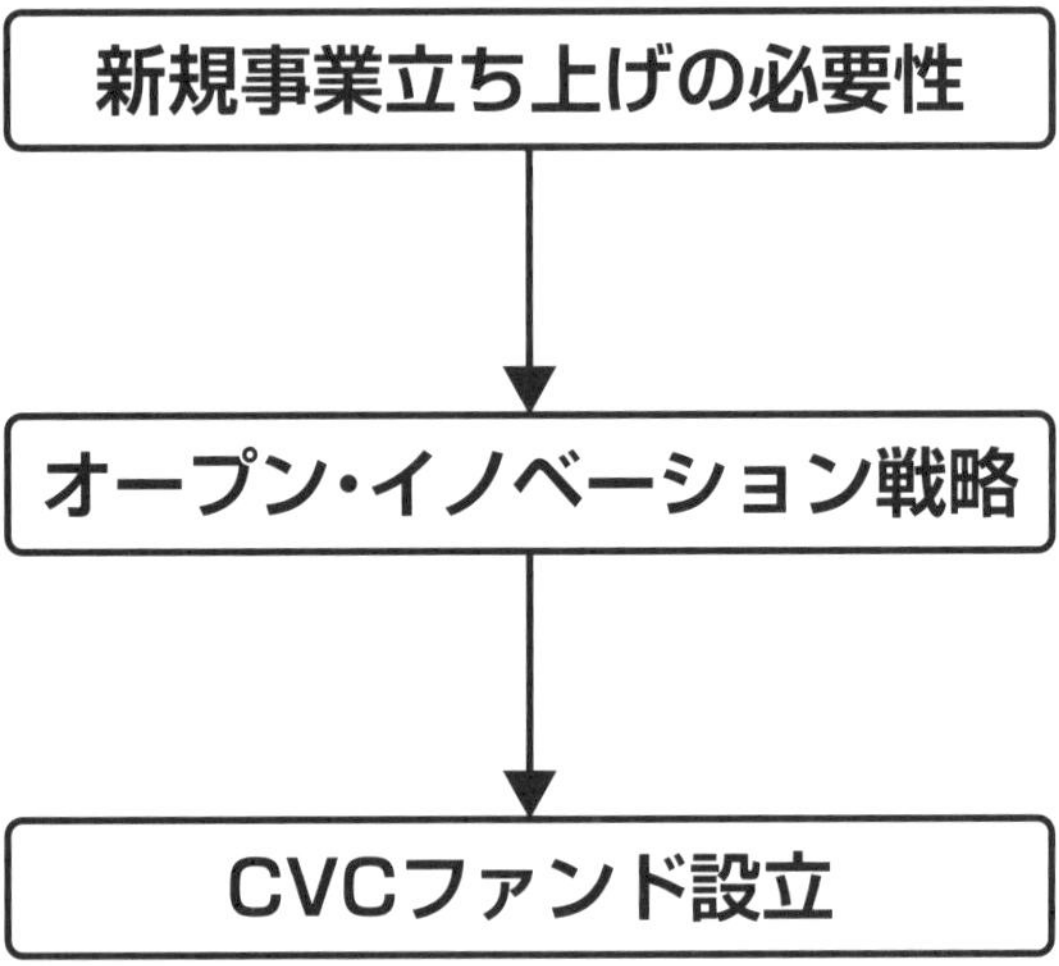

◉オープン・イノベーション戦略を推進するためのCVCファンド

本書は、新規事業立ち上げのために、オープン・イノベーションを推進し、実行するための実践ツールとしてのCVCファンドの本です。

第3章で詳述するように、CVCの設立・運営にはいくつかの方法があります。本書では、その中で**外部VCを活用した専用ファンド（二人組合）を設立**してCVC投資を行っていく方法を解説していきます。

◉「オープン・イノベーション促進税制」（税優遇措置案）創設

新聞報道によれば、２０１９年12月、政府・与党は、**大企業が設立10年未満の非上場企業に１億円以上（海外企業の場合は５億円以上）を出資した場合、出資額の25％相当を所得金額から差し引いて税負担を軽くする優遇措置を新たに設ける方針を発表**しました。２０２０年の与党税制大綱に「**オープン・イノベーション促進税制**」として創設され、２０２０年４月から２０２２年３月末までの出資に適用される見通しです。

大企業が自社の人材や取引網とベンチャー企業が持つ技術やノウハウを組み合わせ、新分野に進出するなど、構造を転換できる見通しがついていることも条件となるようです。

まさに、大企業のオープン・イノベーションやＣＶＣを促進するための税制改正です。

このように、政府も大企業の投資を促すための政策を施行しようとしており、事業会社による投資及びＣＶＣファンドによる出資は、税制優遇の面でも、追い風が吹いていることを追記しておきます。

Point

新規事業の継続的な立ち上げは、これからの企業経営で最も重要なテーマのひとつである。その場合、外部企業等との連携によるオープン・イノベーションで行うことが望ましく、その実践ツールがＣＶＣである。

2 外部への「知の探索」によるイノベーションの創出

◉イノベーションをどのように生み出すか

ここでは、オープン・イノベーションの理論的背景について解説します。

イノベーションをいかに生み出すかは、経営学においてとても大きなテーマであり、とりわけ新規事業立ち上げ戦略においてはメインのテーマとなります。

「**イノベーション**」という言葉を初めて定義した経済学者ヨーゼフ・シュンペーターは、経営学におけるイノベーションの重要性を説き、著書で「ニュー・コンビネーション」という概念を提示しました。すなわち「**既存の知**」**と別の**「**既存の知**」**を組み合わせると、イノベーションが生み出される**と述べたのです。

◉「知の探索」と「知の深化」

ここでぜひ覚えていただきたいのが「**知の探索**」と「**知の深化**」という言葉です。この場合の「知」とは、自社が取り扱う事業のノウハウや技術と捉えることができます。

「知の探索」（Exploration）とは、この「知」の範囲を広げることです。一方、**「知の深化」（Exploitation）とは、特定分野で「知」を継続して深めること**を言います。企業がイノベーションを生み出すには、この2つの方法があると言われています。

この理論は、スタンフォード大学のジェームズ・マーチ教授が1991年に発表した論文「Exploration and exploitation in organizational learning」が、『Organization science』という学界誌に掲載されたのが始まりです。この論文は経営学においてこの数十年間でトップ5に入る有名な論文と言えます。

この**Exploration と Exploitation のどちらかひとつではなく、両者のバランスがとれている両利きの会社、すなわち ambidexterity（両利き）がとれている会社が成長できる**ということも、その後の経営学の研究で示されています。

◉コンピテンシー・トラップ

「知の探索」と「知の深化」については、「コンピテンシー・トラップ」の問題が指摘されています。**コンピテンシー・トラップとは、企業経営者やマネジャーが成果を急ぎすぎて、短期的に成果が出やすい「知の深化」へ傾斜し、「知の探索」を怠りがちであるという現象**を言います。

確かに、業績の上がっている分野で「知の深化」をしたほうが経営的には効率がよいと言えます。今自分たちが手がけている領域を深掘りしたほうが、成功の確度が上がり、短期的には結果が出やすくなるからです。実際、上場企業の経営層は四半期ごとの業績開示を株主から求められており、短期的な成果を出すことに注力しています。そのため、短期的に結果が出やすくて失敗の確率が相対的に低い「知の深化」を選んでしまいがちです。

それに対して「知の探索」は、手間やコストがかかる割に収益に結びつくかどうかが不確実なため、経営層から敬遠されがちです。新しい分野への進出を行っても必ず成功するかどうかはわかりません。どの領域に出ていくかもそうですし、出ていったからといって、

図表5　コンピテンシー・トラップ

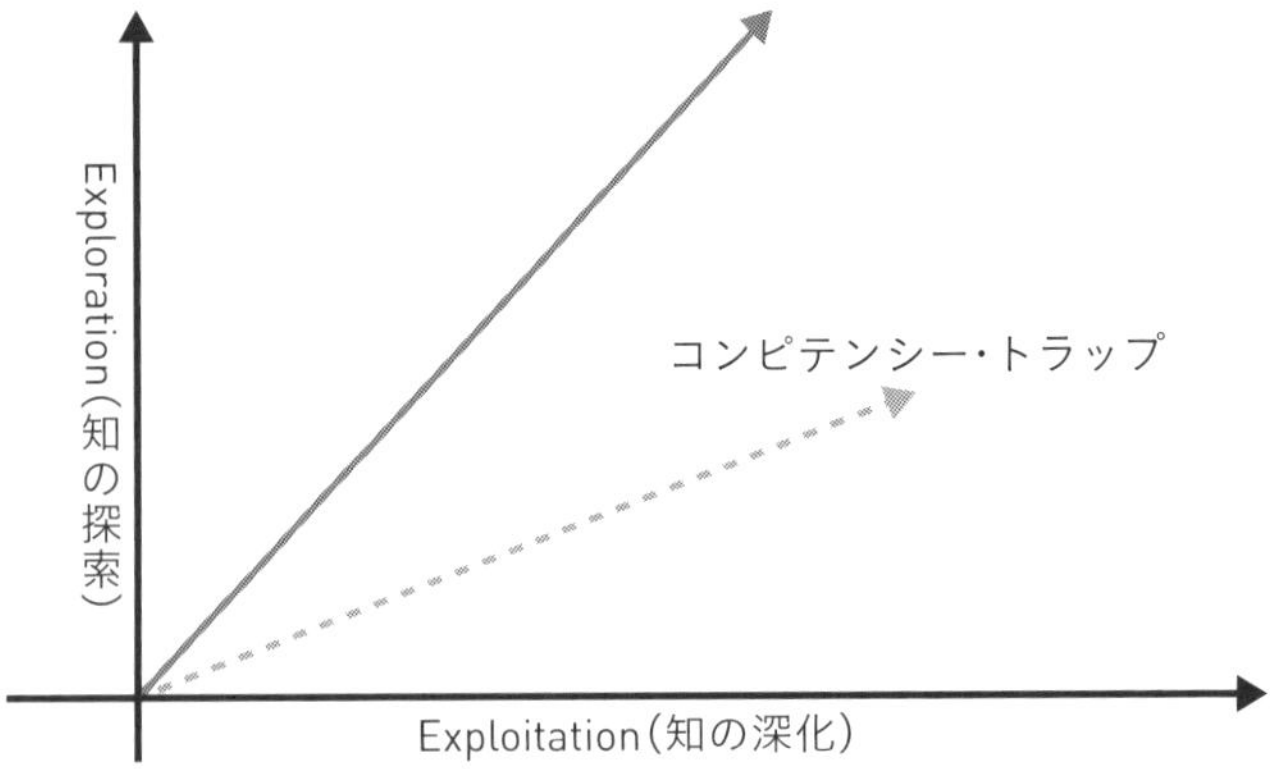

出所：入山章栄（2015）

それがビジネスになるかどうかわからない部分が多く、どうしても敬遠されがちです。

しかし、**短期的な効率を求めた結果、「知の深化」へ傾斜してしまうと、「知」の範囲が狭まり、企業の中長期的なイノベーションを停滞させることになります。**自社の得意なところを優先させた結果、気がついたら非常に限られた領域でしか動いていないことになり、イノベーションが停滞してしまっていること、それが「コンピテンシー・トラップ」と言われる現象です。

図表5が示すように、横軸が「知の深化」、縦軸が「知の探索」だった場合、実線くらい「知の探索」を行うべきだと仮定されるとして、どうしても自分たちのよく知っている領

域での「知の深化」にばかり傾斜して点線まで傾いてしまい、その結果、新しいものが何も出てこなくなるという現象は、経営学の世界では国際的なコンセンサスになっています。

◉イノベーションのジレンマ

オープン・イノベーションに関する著名な理論で、もうひとつご紹介したいのが、前述した「**イノベーションのジレンマ**」です。１９９７年にハーバード・ビジネス・スクールのクレイトン・クリステンセン教授（当時）が提唱したものです。

大企業は資金も人材も豊富に有しているので、新しい製品を生み出したり、イノベーションを起こしやすいと一般に思われがちです。しかし、**クリステンセンは、「大企業は既存の製品や顧客、設備などを持っているがゆえに、市場を一変させるような画期的な新しい商品・サービス、すなわち、破壊的なイノベーションを生み出しにくい」**と主張したのです。

筆者は既存の資源の中には「ものの考え方」も含まれると考えています。「わが社ではこうするものだ」などと**固定観念ができあがってしまうと、社内で画期的なアイディアや**

新しい製品を生み出しにくくなります。反対に、ベンチャー企業は何もないゼロのところからスタートするので、画期的なアイディアや新しい製品を生み出せるわけです。

◉新規事業立ち上げにおける課題とCVC設立のメリット

以上のことから、自社の中でイノベーションを生み出しにくくなっている企業は、積極的にベンチャー企業と組むことでオープン・イノベーションを推進することができます。とりわけCVCファンドを設立して、自社の新規事業にプラスになりそうな技術やビジネスモデルを持っているベンチャー企業に投資することで、投資先ベンチャー企業と接点を持って連携し、新規事業を立ち上げていく方策は非常に有効です。

新規事業開発における一般的な課題として、次のようなものがあります。

①自前主義の限界……急激な技術革新により、社内からのアイディア出しや研究開発に限界があり、スピードも遅い

②既存技術のコモディティ化……企業の付加価値の源泉が製造から企画・開発、

サービスにシフトする傾向にある
③ イノベーションのジレンマ……既存製品や顧客を持っているがゆえに、破壊的なイノベーションを生み出しにくい
④ ベンチャーの位置づけの変化……垂直的な産業構造（下請け的構造）から、大企業とベンチャー企業の融合・競合の時代へ

このように、革新的な技術やアイディアを有するベンチャー企業と接点を持つ重要性が増しています。その意味で、**CVCは社内での新規事業立ち上げの障害を突破し、自社内では実現し得ない革新的な技術革新をもたらす「オープン・イノベーション」を実現**し、「次の次」の事業を立ち上げる最も有効で新しい手段のひとつと言えます。

CVC設立のメリットは以下の3点に集約されます。

① 市場に対し「ベンチャー企業に出資を行う」との情報発信を行うことで情報収集が進む
② 判断のスピード化（本体の意思決定ではスピードが遅すぎる）

◉ベンチャー企業の位置づけの変化

日本では、いまだに「中小・ベンチャー企業」という言い方をされることがありますが、厳密に定義すれば、**「ベンチャー企業＝中小企業」ではありません**。中小企業は、家業あるいは同族で経営が行われ、従来型のビジネスを行い、資金調達も銀行借入を中心に安定的に経営されていくことが一般的です。一方、ベンチャー企業は、画期的な新しい製品やサービスを生み出し、資金調達をエクイティ（資本）中心で行い、速いスピードで大きく成長したり、ＩＰＯ（株式公開）を目指したりする会社が多いです。

かつての日本の産業構造は、大企業の下に多くの中小企業が集まる垂直的な産業構造でした。今では、**大企業と中小企業は対等な融合・競合の関係性に変わっています**。もちろん、大企業の城下町的な地域にはいまだに上下関係の産業構造が根強く残っている部分もありますが、従来の二重構造から、融合・競合の時代へと関係性が変わっているのが昨今のトレンドと言えるでしょう。

たとえば、トヨタ自動車は、２０１５年に東大発のＡＩベンチャー企業、プリファードネットワークスに１００億円以上の投資を行いました。両者はＡＩ分野においては対等な関係性にあります。トヨタ自動車は米国カリフォルニアにトヨタ・リサーチ・インスティテュートという研究機関を設立して、世界中から優秀な研究者を招へいしていますが、それでも部分的にはプリファードネットワークスのようなベンチャー企業に投資することでアライアンスを組む必要があるわけです。大企業とベンチャー企業の関係性がここ数年で大きく変わってきていることを実感する事例です。

なお、「ベンチャー企業」というのは、日本独自の言い方です。英語で一般に「ベンチャー（venture）」とはベンチャーキャピタルのことを指し、ベンチャー企業のことを言う場合は「**スタートアップ（startup）**」という言葉を使います。最近、日本のメディアでも「ベンチャー企業」とは言わずに、「スタートアップ企業」という呼び方が増えています。

本書では、スタートアップ企業とベンチャー企業を同義と捉え、「ベンチャー企業」という用語に統一して記述しています。

◉ベンチャー企業と付き合うことのメリット

ベンチャー企業と付き合うことのメリットには、以下の４つがあります。これはＣＶＣ投資のメリットとも言えます。

①　新技術や新しいビジネスモデルの獲得
②　新分野への進出、新分野での事業運営
③　マーケットシェアの拡大
④　起業家精神のある人材の確保

①新技術や新しいビジネスモデルの獲得

大企業にとって、これが一番のメリットになります。ＣＶＣ設立の最大の目標でもあります。ＣＶＣ投資によって、新規事業立ち上げのシーズを獲得できます。

②新分野への進出、新分野での事業運営

まったく未知の分野や事業に単独で一から進出していくよりも、その分野ですでに活動しているベンチャー企業に少額投資を行い連携することで、新分野への進出に取り組んでいきやすくなります。これもまさにＣＶＣ投資のメリットです。

③マーケットシェアの拡大

自社もその領域である程度実績を持っている場合、そこに出てきた新しいベンチャー企業を買収するか、少額投資して連携していくという形です。

海外マーケットへ進出する場合も、自社と近いビジネスを行っている現地のベンチャー企業を見つけて投資し、そこを足がかりにしてその国でのビジネスを広げていくのは非常に効率がよいやり方と言えます。

④起業家精神のある人材の確保

自社にはあまりいない起業家精神を持っている人材、新規事業立ち上げを推進できるような人材を大企業が中途採用市場で確保するのは現実には困難です。そのようなタイプの

人材を獲得したければ、有望なベンチャー企業に投資し最終的には買収することで、そこにいる人材を内部化してしまうのもひとつの手法です。

◉「ゼロから1」はベンチャー企業に担ってもらう

若くて新しいベンチャー企業は、新しいことを生み出す力を持っています。すなわち、ゼロからビジネスを立ち上げて1にする力を持っています。

この力は、大手企業ではなかなか手に入れることができないものです。大手企業では、どちらかと言えば、ゼロから1、2、3くらいになったものを、5、10、20、50、100といった規模に大きくしていくことが得意な人材が多いからです。

このような観点からも、ベンチャー企業に投資して接点を持ち、新規事業のシーズを獲得していくことは有益と言えます。

ゼロから1を生み出す部分は、ベンチャー企業に代替的に担ってもらい、その上で大手企業は連携させてもらって、そのシーズを大きくするところに関わっていくことが、良い戦略と言えるでしょう。

◉事例　クレディセゾンのオープン・イノベーション戦略

オープン・イノベーションの実例のひとつとして、筆者のコンサルティング先企業である株式会社クレディセゾンの取り組みを紹介します。

同社の場合、**様々なパターンで、ＣＶＣ投資を含むオープン・イノベーション戦略を行っています**。

まずベンチャー・ファンドへの出資は、ＶＣが作って他の複数の投資家も共同で投資しているファンドにＬＰ（リミテッド・パートナー、58ページ参照）として投資している分です。デジタルガレージやサイバーエージェント、ＧＭＯなどのファンドに出資しています。

その一方、セゾン・ベンチャーズという自社の子会社ＶＣ（国内のクレジットカード会社では初）も有しています。

さらに、大口の投資案件に対しては、クレディセゾン本体から直接投資しています。

また、以上のような様々なパターンの投資を実行するために、同社はベンチャー関連のピッチイベントに積極的に参加したり、ベンチャー企業関連団体に加盟したりするなど、

図表６　クレディセゾンのオープン・イノベーション戦略

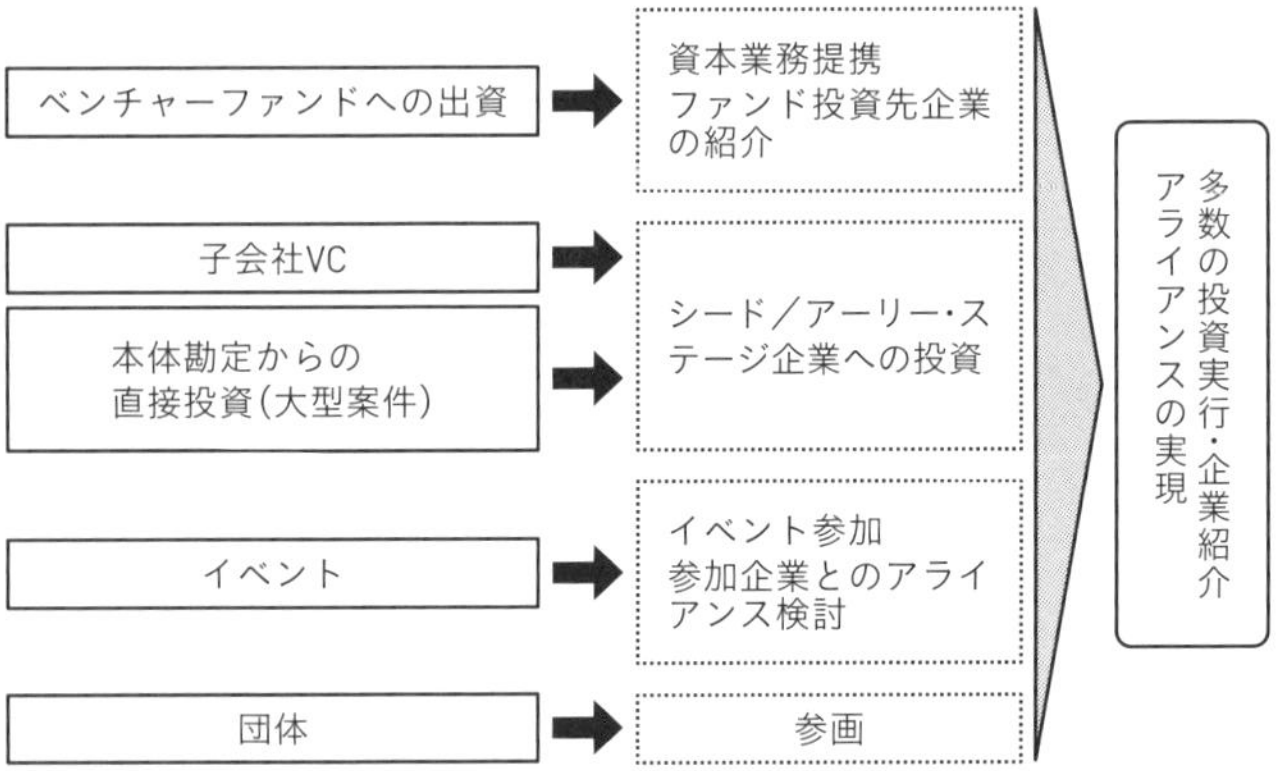

出所：立教MBAでの林野宏氏の講演資料を基に筆者作成

ベンチャー企業との関係作りに熱心に取り組んでいます（図表６）。

Point
イノベーションを生み出していくには、外部への「知の探索」が重要である。そのためには、ベンチャー企業との連携が欠かせない。そして、「ベンチャー企業とは対等な関係」とのマインドセットも求められる。

3 ＣＶＣによる新規事業の立ち上げ

◉ＣＶＣとは何か？

ここで、改めてＣＶＣについて解説しておきたいと思います。

ＣＶＣ、すなわちコーポレート・ベンチャーキャピタルは、ベンチャーキャピタルの一つのカテゴリーです。

ベンチャーキャピタルは、高い成長性が見込まれる未上場企業に対し、成長のための資金をエクイティ（株式）投資の形で提供します。ベンチャーキャピタルによる投資は、金融機関や事業会社などの投資家から出資を受けて組成した投資事業組合（ファンド）を通して行われます。

ベンチャーキャピタルには、大手ベンチャーキャピタル、政府系ベンチャーキャピタル、独立系ベンチャーキャピタルなど様々な種類がありますが、CVCは名前に「コーポレート」と付いていることからわかるように、事業会社が設立するベンチャーキャピタル（ファンドまたは子会社、直接投資も含む）です。

一般のベンチャーキャピタルは、未上場企業に投資し、その企業がIPOしたりM&Aされたりして発生するフィナンシャル（金銭的）なリターンを求めます。

一方、**CVCの場合、フィナンシャルなリターンよりも事業上のストラテジック（戦略的）なリターンを求めることが一般**です。つまり、ベンチャー企業に出資して新規事業のシーズや事業シナジーを獲得するなど、事業的なリターンを求めます。

以上のことから、CVCは、新規事業の立ち上げや既存事業の拡大のために、事業会社のオープン・イノベーションを推進する重要な実践ツールとなるわけです。

◉CVC活用による新規事業立ち上げ

オープン・イノベーションによる新規事業の立ち上げについて社内で検討したものの、

話がなかなか進まない場合、実際にベンチャー企業に投資して勢いをつけていくしかないということが言えます。

ただし、お金を一銭も持っていかず、投資するとも言わずに、ただベンチャー企業に会いに行こうとしても、相手にされないと考えるべきです。これは米国のカリフォルニアではっきりしていて、「投資します」と言わない企業にベンチャー企業の経営者は振り向きません。

これは別に大げさに言っているわけではありません。**ベンチャーの世界では、大企業といえども「投資します」という姿勢を明確にしないと、面談する価値があると見なしてもらえない時代になってきている**のです。そういう面でも、まずCVCファンドを作っておく必要があります。実際にお金を積んで、「投資します」というスタンスを示しておくことが非常に重要です。

このことは事業会社本体のIR対策の面でも重要です。たとえば、CVCファンドの中には、「ベンチャーファンドを作る」というIRを出した時点で、事業会社本体の株価が上がることがあります。

「ベンチャーに投資して新しいことをどんどん始めます」とIRでアナウンスしている会

図表7　CVC活用による新規事業立ち上げ

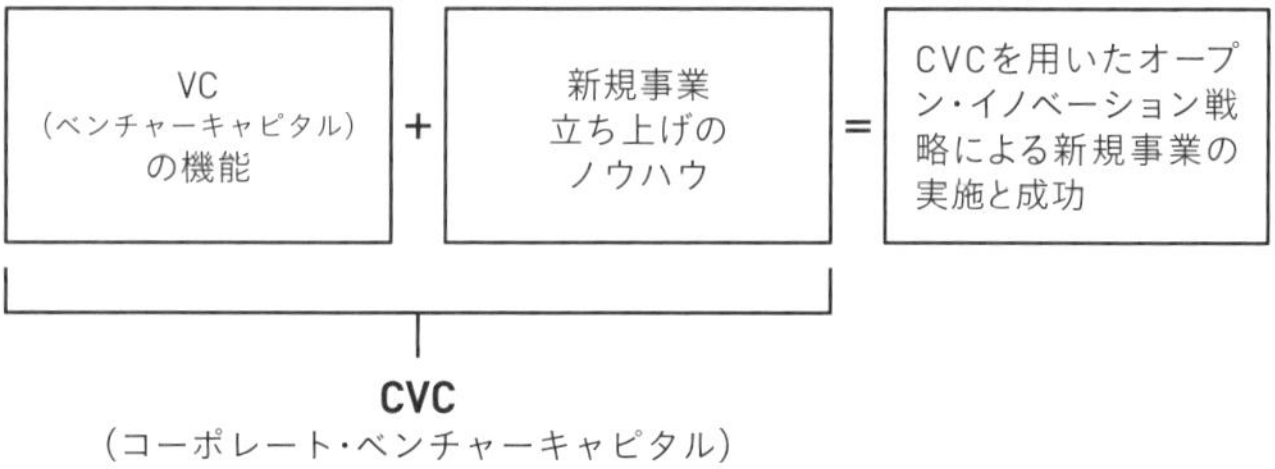

社と、何もアナウンスしていない会社を比べると、やはり「どんどんやります」と言っている会社のほうが投資家から高く評価されます。いかに業歴が長く国内で非常に高いステータスを持ち、**財務体質が堅実な会社でも、外部に対して「新しいことを始める」という姿勢を見せないと、市場の評価を得られない時代になってきた**ということです。

　図表7で示したように、自社がベンチャーキャピタルの機能（CVC）を持ち、それに新規事業立ち上げのノウハウをプラスして、「**CVCを用いたオープン・イノベーション戦略による新規事業の実施と成功**」を獲得するのがこれからの時代の経営スタイルです。

◉日米のCVC投資残高

日本におけるCVC投資の残高は、ここ数年、加速度的に伸びています。それに対し、米国のCVC投資は単年度でかなり変動していますが、もともとが大きかったこともあり、全体としてはあまり変わっていません。また、2019年4月30日付の『日本経済新聞』朝刊で、「**日本の大手企業のベンチャー投資がこの5年間で8倍になった**」というニュースもありました。

もっとも、ベンチャーキャピタル投資全体の規模から見ると、米国のベンチャーキャピタル業界に対して日本のベンチャーキャピタル業界は50分の1ぐらいの規模しかなく、投資残高額は雲泥の違いがあります。

日本でも今、CVC投資が非常に伸びています。まだ始めていない会社は、「御社はやっていないのですか」という状況になっていくかもしれません。

◉ＣＶＣは米国が先進国

現在のベンチャーキャピタルの形は米国で確立されました。第二次世界大戦終了後の1946年、ハーバード大学とマサチューセッツ工科大学（ＭＩＴ）の教授が共同でアメリカン・リサーチ＆デベロップメント（ＡＲＤ）という会社を作り、戦時中に研究開発された技術を民間転用しようとしたのが始まりです。

日本では、1972年に京都エンタープライズ・デベロップメント（ＫＥＤ）が設立されましたが、すぐ解散してしまいました。1973年に野村證券と三和銀行（現三菱ＵＦＪ銀行）、日本生命の3社合同でできた日本合同ファイナンス（現ジャフコ）が日本初の本格的なベンチャーキャピタルです。

このように、ベンチャーキャピタルは、米国で半世紀以上、日本で四半世紀以上の歴史があります。

一方、**ＣＶＣは1960年代にアメリカのゼロックスなどが始めました**。初期はエクソンやダウなどのエネルギー関連企業が先行しましたが、その後ヒューレット・パッカードやジョンソン・エンド・ジョンソン、最近ではグーグル、デルなどの新興企業も、どんどんＣＶＣ投資を始めています。

日本では、２０００年ごろからＣＶＣに取り組む企業が出始めました。リーマン・ショックにより２００９年には一旦落ち込みましたが、それ以降はまた増加傾向にあり、現在は年25％を超えるペースで急増しています。日本のＣＶＣ投資は米国のベンチャー企業投資の44％にまで追いついている状況です。

日本のＣＶＣの特徴は、総合商社の存在が大きいことです。日本の総合商社はもともと事業投資をたくさんやっていて資金量も潤沢です。日本のＣＶＣ投資残高に総合商社もカウントしたら、全体の半分を占めるとの統計データもあります。

◉新規事業立ち上げの手法・パターン

新規事業立ち上げの手法・パターンを整理すると、以下の３つになります。

①自社の中央研究所での研究開発（Ｒ＆Ｄ）や、事業開発部・商品開発部からのア

イディア出しで、自前で新規事業を立ち上げていく
② M&Aで外部企業を買収する
③ ベンチャー企業に投資して、その投資先ベンチャー企業の技術やアイディアを内部化したり、投資先ベンチャー企業と連携したりして事業構築しながら、新しい事業を作っていく（CVC投資）

①の自前主義については、自社内に中央研究所や研究部門を持つ一方で、オープン・イノベーションにもしっかり取り組んでいる会社もあります。しかし、「中央研究所を持っていて自前で研究する体制ができているのだから外部に助けを求めるのは自己否定ではないか」という考え方もかなり強いと思います。ただ、それも少し**再考が必要な時代**となっているのではないでしょうか。

②のM&Aは、実際に検討している事業会社が多く、一般的です。確かに一番スピーディなので、手元にキャッシュポジションがあるのなら、M&Aは有力な手法と言えます。しかし、**現実的にM&Aは非常に難しい**とも言えます。その理由は、**自社にフィットするような案件がなかなか出てこない**からです。M&Aを行うには、売りに出ている企業の

情報を得る必要がありますが、本当に良い案件は値段も高く、そもそも市場に売りに出ること自体が稀です。逆に、市場に出てくるような案件は、業績不振など売りに出されるだけの理由があることが予想され、買収後に経営をかなりテコ入れする覚悟が必要です。

それに対し、③のCVC投資は、**投資先が歴史の浅いベンチャー企業であるため、相対的に不確実な状態で投資することになりますが、お互いに連携しながら関係を深め、結果を出していくという意味で、M&Aよりも実行しやすい方法**です。

基本的にベンチャー企業は常に資金不足です。したがって、マイナーシェアで出資して少しずつ関係を築いて進めていくのは非常にいい方法だと筆者は考えます。

ただし、逆に言えば、有望なベンチャー企業ほど実際に投資してくれない企業とは付き合ってくれません。**優先的に付き合ってもらうためには、実際に出資する必要があります。**このあたりは大企業サイドが意外に気づいていないポイントです。

ベンチャー企業にとって、出資はありがたいことなのは当然ですが、面談するにも時間というコストがかかります。したがって、実際に投資する気がない大企業が物見遊山でアポをとって面談に来ることは少し迷惑というのが本音だと思います。実際、アポを取れないことも最近増えていると聞きます。そういう面で**投資枠としてのCVCファンドをきち**

んと持っておくことは重要です。

◉M&Aかベンチャー投資か　～両方を並行して～

筆者は、**M&AはCVC投資に比べて何倍も難しいという印象があります**（図表8）。繰り返しとなりますが、そもそもマッチング自体が難しいですし、バリュエーション（企業価値評価）の面で双方が折り合うのも難しいです。何より業績が出ている良い案件の情報はそもそも市場に出てきません。収益が上がっている会社は売りに出さずにホールドしておけば、そこで売上・利益を享受できるからです。

M&Aの市場に出てくるような案件は、何かしら問題があります。もちろん売りに出す会社のストラテジックな観点から「ノンコア（非中核）事業だから売りに出す」という事情で出てくることもありますが、そのような案件は価格が高く、買収後の投資採算を合わせるのが難しいです。高く買った分、確実に運営しないと投資コストの回収ができません。少しでもしくじると採算ラインを割り込んでしまいます。

ごくまれに「クラウン・ジュエル」と呼ばれる案件が出てくるケースもあります。これ

図表8　CVC投資とM&Aの比較

		CVC投資	M&A
目　　的		イノベーションへのアクセス M&A候補の探索	事業の取り込み
効果	経　営　権	マイノリティ出資のため限定的	経営権を掌握できる
	会　　計	出資比率が20％未満の場合、連結P/Lへの反映はない	連結P/Lに反映される
プロセス	デュー・ディリジェンス（DD）	スピーディな投資判断が求められ、ポイントを絞った審査	基本的にフルスコープのDDプロセスを実施
	バリュエーション／投資契約	リード・インベスターとなるVCが取りまとめるか、自分たちがリード・インベスターとして取りまとめる	自社にて実施
	実施後の対応	モニタリング／協業を行う	シナジーを創出するために、PMI（Post Merger Integration）を実施

出所：経済産業省（2019）を参考に筆者作成

は中世の没落貴族が家にある王冠についている宝石を少しずつ売って食いつないだことにたとえ、業績が厳しくなった親会社が収益の上がっている子会社を売りに出すことを言います。そういう案件をうまく見つけられたらラッキーですが、そのような案件の情報が入るのは稀です。

以上の理由から、筆者はやはり**CVC投資のほうがM&Aよりも容易な手法である**と考えています。

大手企業は、M&Aをメインに考えがちですが、ぜひCVC投資を並行して行っていく戦略を採っていただきたいと思います。

◉ベンチャーキャピタル・サイクルと新規事業創造

CVCについて、ベンチャーキャピタル・サイクルの流れの中で説明します。ベンチャーキャピタルは、通常、このベンチャーキャピタル・サイクルの流れを回転させます(図表9)。

ファンドを募集設立して、投資案件を探し、それから投資審査をして、面談を行い、財

図表9　ベンチャーキャピタル・サイクルとコーポレート・ベンチャリング

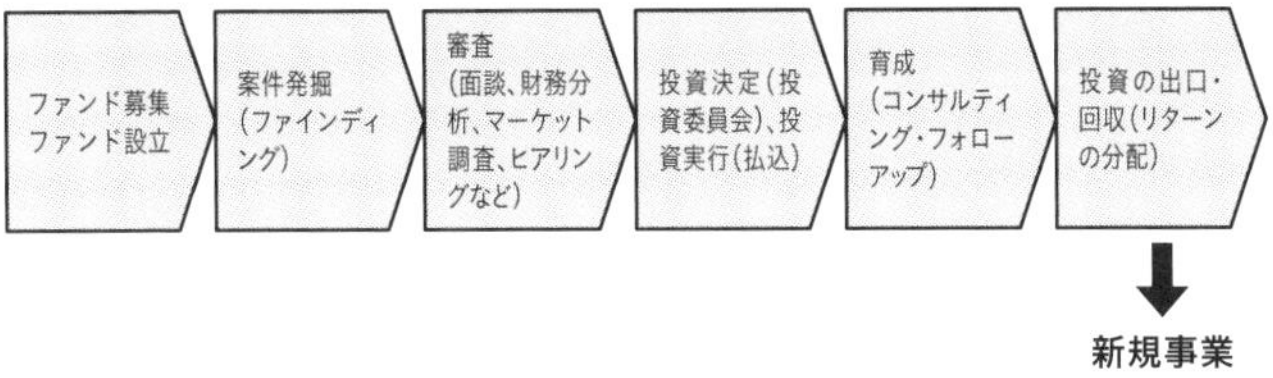

・通常のVC投資の出口は、①株式公開あるいは②第三者への売却（M&A）

・しかし、コーポレート・ベンチャリング投資の場合は、投資回収が新規事業としての採択、新規事業プロジェクトの立ち上げ、内部化となる

参考：冨田賢・訳『ベンチャーキャピタル・サイクル』（ハーバード・ビジネス・スクールのPaul Gompers & Josh Lerner原書）を参照

務分析やマーケット調査、ヒアリングをし、投資決定を投資委員会で決定して、投資実行して資金の払い込みをします。投資後は育成していき、フォローアップ、コンサルティングをしていきます。最後に投資の出口として、資金を回収し、リターンを配分することになります。

CVC投資の場合、最後のリターン分配が、お金をお金で返すのではなく、新規事業に結びつけるのがポイントであることを理解しましょう。新規事業を立ち上げるための手法やオープン・イノベーションの推進方法には様々ありますが、**リターンは資金ではなく、新規事業を推進させ、成功させるということ**です。

新規事業立ち上げを目的とするＣＶＣの場合、投資回収が新規事業としての採択、新規事業プロジェクトの立ち上げの内部化、つまり買収して内部化して、企業内プロジェクトにしてしまうことが成功のひとつとなります。ＩＰＯやＭ＆Ａが投資の出口ではないということになります。

Point

CVCは、ベンチャーキャピタルのひとつのカテゴリーであるが、金銭的リターンではなく、新規事業の新技術やアイディアの獲得といった戦略的リターンを得ることが目標となる。また、M&Aよりも取り組みやすいという面もある。

第2章

CVCの基礎知識と設立のメリット

1 CVCの基礎知識

◉ベンチャーキャピタルの機能

ベンチャーキャピタル（VC）とは一般に、「**成長性の高い未上場企業に直接金融（エクイティ・ファイナンス）で資金を供給し、育成し、投資先企業の株式上場後の株式売却益（キャピタル・ゲイン）を得る投資・コンサルティング会社**」と定義づけることができます。

この「株式上場後の」という部分が、近年はM＆Aも含めた「**株式上場もしくは大企業への売却等によって**」に変わりつつあります。

ベンチャーキャピタルが持っている機能を分解してみると、以下のようになります。

①資金供給機能（一種の金融仲介機能）
②情報生産機能（未公表の情報を収集）
③審査機能（リスクの見極め、リスク・テイク）
④育成機能（投資先をコンサルティング）
⑤分散投資機能（ファンドによる投資）

①資金供給機能

銀行に近い形でベンチャー企業に資金を供給する一種の金融仲介機能です。ただし、ベンチャーキャピタルはあくまでもファンドなので、銀行のような金融仲介機関には分類されません。

②情報生産機能

有望なベンチャー企業や未上場企業の情報を収集する機能です。「どのような技術・アイディアで、どのようなビジネスプランで、どうしていこうとしているのか」をヒアリングして、未公開の情報を収集していきます。NDA（守秘義務契約書）を締結する場合もあれば、しない場合もあります。

③審査機能

投資対象としての適切さやリスクについて、デュー・ディリジェンスを行って審査します。

④育成機能

投資先企業をフォローアップして育成・コンサルティングしていきます。そこが特徴のひとつでVCの重要な役割です。

⑤分散投資機能

分散投資はファンドによる投資の大原則です。1社だけに集中投資するとリスクがそこに重なってしまうので、5～10社などに分散して投資します。ファンドの規模によりますし、1回あたりいくら投資するかにもよりますが、分散投資の効果を出すことで、リスクの高い案件に投資できる仕組みになっています。

◉ベンチャー・ファンドのしくみ

ベンチャー・ファンド（投資事業組合）を運用するのがベンチャーキャピタルです（図表10）。日本のベンチャーキャピタルは株式会社の形態をとっていることがほとんどですが、米国ではパートナーシップのものもあります。

ファンドを運営するベンチャーキャピタルは、その運用主体である**GP（ジェネラルパートナー、無限責任組合員）のポジションを得るために最低1口出資する**とともに、**年率2～3%の管理報酬**（ファンド総額に対して、あるいはファンドの純資産に対して）を受領するほか、**純キャピタル・ゲインの20%程度を成功報酬**として受領します（報酬水準や体系は、出資者とベンチャーキャピタルとの協議で決まります）。

ベンチャーファンドは、基本的には50人未満の私募の範囲で投資家から資金を集め、利益が出た場合に分配金を投資家に配分します。

ベンチャーキャピタルは、未上場企業に株式や新株予約権付社債の形で投資します。そして、IPOやM&Aによりキャピタル・ゲインを得てファンドに戻して分配し、成功報酬を取るという仕組みです。投資期間は5年から10年ぐらいが一般的です。投資家から見れば、かなり長期の投資商品ということになります。

さらに「**投資事業有限責任組合法**」というベンチャー・ファンドを作るための法律に基づいて作られたものを「投資事業有限責任組合」と言います。この投資事業有限責任組合法に基づいて作ったファンドを運用しているのがベンチャーキャピタルであり、無限責任組合員と言います。この**無限責任組合員**（ジェネラル・パートナー、GP）だけが無限責任を負うことになります。資金の出資者のことを、**有限責任組合員**（リミテッド・パートナー、LP）と呼びます。

なお、投資事業有限責任組合法が1998年に施行されるまでは、日本においては**民法上の任意組合**という形態でベンチャー・ファンドが組成されていました。民法上の任意組合の形態では、GPのことを**業務執行組合員**と呼び、LPのことを**非業務執行組合員**と呼びます。

本書でメインに取り上げている**二人組合（特定の事業会社とファンドを運営するベンチャーキャピタルの2社だけで組成するファンド）**の場合、監査や時価評価などが不要な**民**

図表10　ベンチャー・ファンドのしくみ

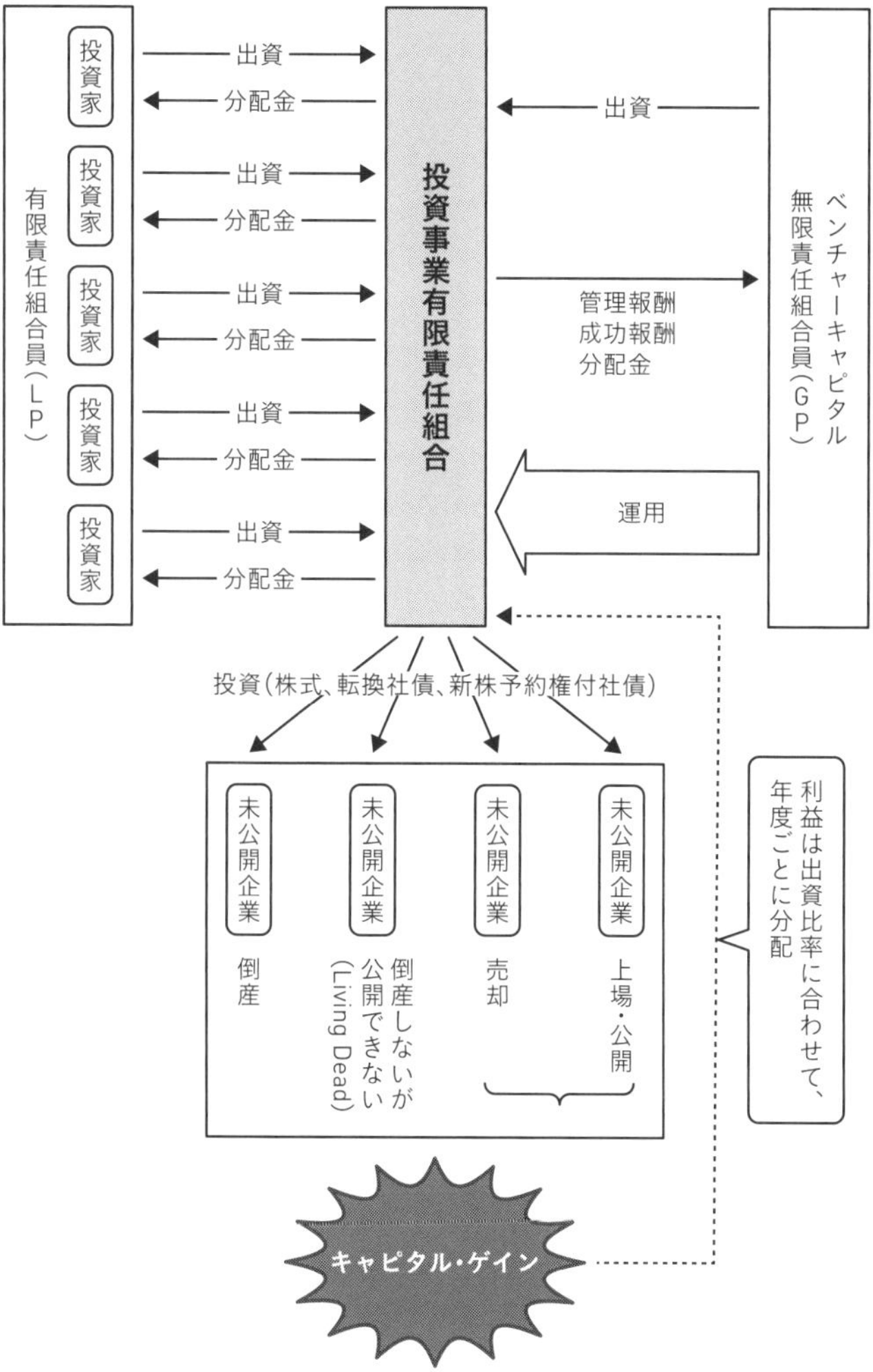

法上の任意組合の形態を採ることにより、運営コストを抑えられるという面で合理的です。

なお、ファンドが借入を行ったり、訴訟が起こったりしなければ、民法上の任意組合でも、非業務執行組合員は、出資分以上は損をしないという意味で有限責任です。

ベンチャーキャピタルがファンドを運営して、複数の未公開企業に投資していき、IPOしたり、M&Aで売却できたりする成功案件からのキャピタル・ゲインをファンドに戻して、分配することになります。他方で、倒産してしまう案件が出たり、倒産しない代わりに成長もしない、いわゆる「**リビング・デッド**」（生きた屍）と言われる案件を売却処分したりした分は、キャピタル・ロスとなります。

成功する案件のリターンで、失敗に終わる案件からのロスを補って余りある形にすることを目指すのが、VCファンドです。

◉CVCファンドの仕組み

図表11は、筆者が現在運用している某事業会社のCVCファンドの仕組みです。

外部VCと組んだ二人組合の形を採っているので、多くの投資家から資金を募っている

図表11　CVCファンドの仕組み(例)

※外部VCを利用した専用ファンドのパターン

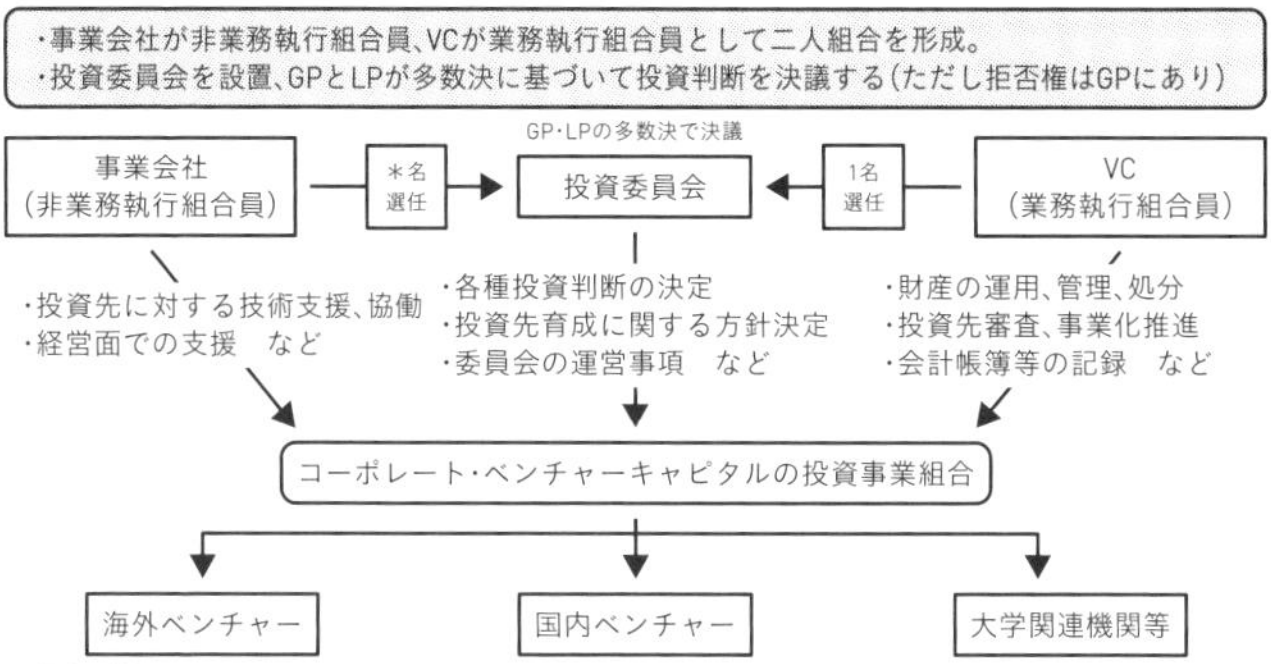

※投資委員メンバー
・最大＊名までと規定し、当社から＊名選任して過半数をとる
・各メンバーの変更、解任は投資委員会で決議

図表12　銀行とベンチャーキャピタルの比較

	銀行	ベンチャーキャピタル(VC)
主たる役割	短期の運転資金の供給が中心(間接金融)	長期の成長資金の供給(直接金融)
収益の取り方	インカム・ゲイン(金利収入) ※利益は最初から確定しており、利幅は小さい	株式公開等によるキャピタル・ゲイン(株価値上がり益) ※利益は不確実だが、大きなリターンが取れる可能性もある
審査の視点	貸し倒れリスク(元本返済能力・金利支払い能力)、担保、信用力 ※成長性はそれほど関係なし?	事業の成長性、株式公開(IPO)の達成可能性、経営者の資質、マーケットの見通し ※リビング・デッド(Living Dead)も倒産するのも大差なし?
企業側からの違い①	B/S上は負債(Debt)、担保・返済・金利支払いが必要、個人連帯保証により実質的に社長が有限責任を負う	B/S上は資本(Equity)、担保・返済・金利支払の必要なし、リスクはVC(投資家)がとる
企業側からの違い②	レバレッジ効果、株式公開を目指す必然性はなし、経営者の経営権に影響なし	VCから投資を受けることで自己資本比率が高まり、財務が安定。一方、株式公開を目指すことが大前提となる。また、VCからの経営に関する助言・指導の尊重及びVCへの情報開示が必要

わけではなく、筆者が代表取締役社長を務めるCVC JAPAN株式会社と、出資元企業である事業会社（東証一部上場企業）が共同で出資して運用しています。投資委員会に筆者1名が入って投資委員会の委員長を務めていますが、決議は多数決になっています。事業会社からは3名、専務と常務、経営企画部長に投資委員会委員になっていただいています。

CVCファンドは、このようにベンチャーキャピタルと事業会社の2社だけで作る形（二人組合）が典型的となります。

◉銀行とベンチャーキャピタルの比較

銀行とベンチャーキャピタルを比較した場合、図表12のようになります。

簡単に説明すると、ベンチャーキャピタルは株式で投資する（**直接金融**）ため、投資先ベンチャー企業はそのお金を返済する義務はありませんが、その代わりベンチャーキャピタルが株主になるので議決権に関わってきます。一方、銀行の融資は返済しなければいけないものですし、金利も払わなければなりません（**間接金融**）が、銀行が株主として議決権に関わってくることはありません。

ベンチャーキャピタルは、投資先企業が急成長してＩＰＯする際などに発生する大きなキャピタル・ゲインを狙っています。一方、銀行は金利を手堅く受領することが目的であり、投資先企業に大きく伸びてもらう必要はありません。安定的に５年なら５年、確実に金利と元本を払って返してもらえればいいわけです。ここが両者の大きな違いです。

この直接金融と間接金融をしっかり使い分けることは、ベンチャーファイナンス、あるいはベンチャー企業の成長において非常に重要なことです。

◉ベンチャー投資の3つの特徴

ベンチャー投資には、以下のような３つの特徴があります。事業会社がＣＶＣを立ち上げる際、トップや現場のリーダーはよく理解する必要があります。

① 時間がかかる（長期投資、流動性がない）
② 悪い結果ほど先に出る

③　すべてがうまくいくとはかぎらない（ハイリスク・ハイリターン、分散投資）

①時間がかかる（長期投資、流動性がない）

ベンチャー投資は結果が出るまである程度の時間がかかります。半年や1年ではなかなか成果が出ません。基本的に3～5年ぐらいかかります。長期にわたる投資となり、また、未公開株への投資になるので、流動性（換金性）がないと言えます。

②悪い結果ほど先に出る

投資当初は資金繰りに窮するなどして倒産する案件が出ることのほうが多く、順調に成長してＩＰＯなどの成果が出る案件は時間がかかり、後になって成功事例が出ることが多いです。

③すべてがうまくいくとはかぎらない（ハイリスク・ハイリターン、分散投資）

ベンチャー投資は、うまくいく案件もあれば、うまくいかない案件も必ず出てきます。

ハイリスク・ハイリターンです。

これらのことが大企業や行政がベンチャー投資に取り組みにくい原因になっています。筆者の感覚で言えば、経常利益率で5％程度の収益力があり、自己資本率が30％近くあれば、十分耐えうるものです。しかも、先に述べたように、「知の探索」をしておかないと、将来の成長の芽がなくなってしまいます。目の前の短期的なことばかり行わずに、〝両利き〟で「知の探索」をしておかなければ、10年先、20年先の収益が枯渇します。ある程度計画的にどのようなペースでCVC投資を進めていくのかを検討し、CVC投資を継続して行っていくことが大切と言えます。

年金運用においても、ベンチャー投資はリスクの高い案件になりますが、「総資産のうちの5％程度については毎年必ず運用に回すべきだ」と海外の大手投資運用アドバイザリー会社はレポートを出している状況です。やはり、**いくらかの枠を決めてベンチャー投資に毎年資金を回していくことが重要**ではないでしょうか。それがないと、新しい情報、新規事業の芽は入ってこず、新規事業が立ち上がりにくくなると思われます。

◉投資ステージについて

ベンチャーキャピタル投資では、ベンチャー企業の成長ステージ、すなわち投資ステージを、**シード**（種の段階）、**アーリー**（初期段階）、**エクスパンション**（発展期）、**ミドル**（ある程度発展した段階）、**レイター**（IPOに向けて発展後期段階）に分けています。

読者の中には、これらの言葉を聞いたことがあっても具体的にはよく知らない方もいると思いますので、ここで解説しておきます（図表13）。

シード・ステージの投資は「**シード・ラウンド**」、アーリー・ステージの投資は「**プレ・シリーズAラウンド**」とか「**シリーズAラウンド**」、エクスパンション・ステージやミドル・ステージの投資は「**シリーズBラウンド**」「**シリーズCラウンド**」となります。

IPO直前の投資は「**プレIPO**」と呼びます。

「シリーズA」「シリーズB」「シリーズC」はどういう意味かという質問を受けることがありますが、これは**単に「第1回目」「第2回目」「第3回目」という意味**です。

「シリーズA」は、初めてしっかり株価が付いて資金調達をまとまった金額で行う投資ラ

図表13　ベンチャー投資の投資ステージの解説

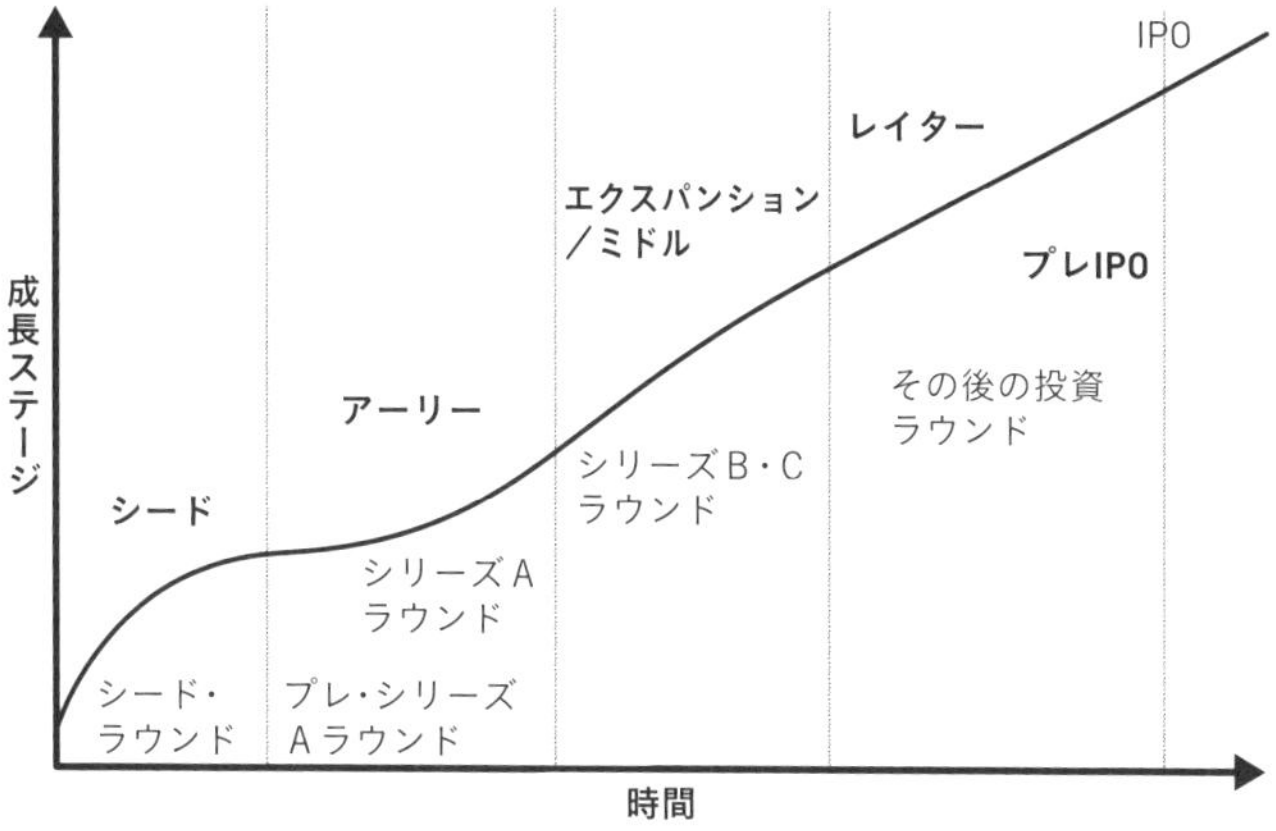

ウンドのことを言います。その前に少し資金調達するラウンドを「プレAラウンド」と呼びます。

「シリーズB」や「シリーズC」は「プレIPO」と呼んでいいくらいのタイミングになるケースもあります。

CVCの場合、早い段階からベンチャー企業に投資して関係性を築いていくことが主眼となりますので、**シード段階からアーリー・ステージをメイン**として、遅くてもエクスパンション・ステージくらいでの投資となります。投資ラウンドで言えば、前述の「シード」「プレA」「シリーズA」などが中心の投資ラウンドとなります。ただし、一部、明確なコラボレーションが見えてから投資する場合など、**あえてミドル・ステージやレイター・ステージから投資するCVC投資もあり**、一部のCVCはそのような方針を採っています。ミドル及びレイターのステージにしか投資しないCVCもあります。

Point

ベンチャー投資の特徴として、①時間がかかる（長期投資、流動性がない）、②悪い結果ほど先に出る、③すべてがうまくいくとはかぎらない（ハイリスク・ハイリターン）という3点が挙げられる。それらを乗り越える覚悟が必要。

2 CVC設立のメリットとその仕組み

◉CVC設立がもたらす効果

ＣＶＣはひと言で言えば、「**事業会社が新規事業を立ち上げるため、あるいは事業シナジーを得るためのベンチャーキャピタル**」です。第1章で述べたとおり、事業会社がＣＶＣを設立する目的は、外部から新しい技術やアイディアを導入することにより、新規事業を生み出す推進力とすることです。

CVC設立の効果として、次の４点が挙げられます（図表14）。

①　ベンチャー企業の情報が集まる

図表14　CVC設立のメリット

①ベンチャー企業の情報が集まる！（アナウンスメント効果）

事業会社の場合、ファンドを作らないとメッセージ性がない

②ベンチャー企業と付き合えるようになる！

投資することで関係作りができる。連携へのきっかけ作りとグリップ

③IR効果が出る！

株価、PER（株価収益率）、PBR（株価純資産倍率）の向上

④権限委譲による意思決定の迅速化！

ファンドの意思決定は、ファンドの投資委員会で行う

②　アライアンス力が高まる
③　ＩＲ効果が出る
④　権限委譲により意思決定の迅速化を図ることができる

①ベンチャー企業の情報が集まる

事業会社の本体勘定でも、ベンチャー企業への投資はもちろん可能です。しかし、事業会社の社名には「キャピタル」とか「インベストメント」という言葉が入っていないため、ベンチャー企業に投資する意向があることが伝わりにくい状況となります。

したがって、ＣＶＣを設立して投資向けの資金があることをアナウンスすれば、それを

求めて投資先企業の情報が自然と集まってくる**アナウンスメント効果（シグナリング効果）が期待できます**。

結果として、事業会社のほうから情報収集に動かなくても、国内外の有望なベンチャー企業の情報が集まってくる状況を作ることができます。

②ベンチャー企業と付き合えるようになる

実際に資金を投入することにより、有望ベンチャー企業へのアクセス力が増し、協業の可能性が高まります。有望なベンチャー企業ほど、投資をしてくれない大企業と協業してくれません。実際に投資することによって、ベンチャー企業との関係を構築していくことが可能となり、オープン・イノベーションが推進できます。そのような**アライアンス力のアップ**を期待できます。

③IR効果が出る

ＣＶＣを設立して新しい技術やアイディアを持ったベンチャー企業に投資することをＩＲ（投資家向け広報活動）することにより、**事業会社本体の株価が上昇することが期待で**

きます。内部留保をＣＶＣファンドを通じて投資することを発表することにより、新しい事業が生まれる期待から投資家・市場からの評価が高まり、その結果、ＰＢＲ（株価純資産倍率）も向上するわけです。

④権限委譲による意思決定の迅速化

日本企業の欠点としてよく指摘される「意思決定の遅さ」も、**ＣＶＣファンドを設立して投資判断を現場に権限を委譲することで改善する**ことができます。

たとえば、日本国内なら３０００万円か５０００万円、海外なら１億円程度の投資判断を、事業会社の経営会議に上げて、経営者や役員クラスが検討するのはコスト・パフォーマンスが良いとは言えません。ＣＶＣのマネジャーやディレクタークラスに**権限委譲して投資を行うほうが妥当**と言えます。

もっとも、ＣＶＣファンドの投資委員会に、事業会社の役員クラスや管理部門のメンバーが入る形にしておくことは、意思決定上でも、ガバナンス上でも、重要です。

いずれにせよ、ベンチャー投資の意思決定を、大企業の何十億円何百億円規模のプロジェクトと同じようなスタイルで行っていたら、スピード感のある意思決定ができず、貴重な時間とチャンスを無駄にすることになりかねません。
ＣＶＣファンドを設立して**権限委譲することで、意思決定を速くすることが可能**となります。

◉投資することで、ベンチャー企業と関係を作る

なぜ新規事業立ち上げのためにベンチャー企業に投資する必要があるのかについてですが、すでに何度も述べたとおり、**有望なベンチャー企業ほど、投資をしてくれない大企業とは付き合ってくれません**。

近年は、経済産業省などが主催するベンチャー企業と大企業のマッチングイベントやピッチイベントが各地で開催されています。そのような場に行くと、将来性が有望なベンチャー企業の若い社長の前に、名刺交換を希望する大企業の役員や部長クラスが列を作っている風景を見かけることは珍しくありません。これはやはりベンチャー企業と大企業の関係性が変化したことの表れだと思います。

また、**持ち株比率数%～20%程度のマイナー・シェア**（過半数ではなく、49％未満の持

ち株シェア）で出資することでベンチャー企業と関係作りができるという面があります。なお、CVC（二人組合）での投資の場合、持ち株比率が20％を超えると、投資先企業をCVCの出資元の連結決算（持分法）で関連会社として会計・監査・開示が求められることにも注意が必要です。

また、ベンチャー企業側も、最初は10％程度しかシェアを放出してくれません。たとえば、10億円のバリュエーション（企業価値評価）に対して約10％に当たる1億円を投資するくらいのイメージです。あるいは**6億円のバリュエーションに対して6000万円**程度の感覚で投資すると思っていただいたら良いと思います。日本国内企業なら1件あたりの投資額は**3000万〜5000万円**ぐらいの投資もあり得ますし、シード・ステージの企業であれば1000万円もあり得ます。シード段階であれば、それでも意味のある投資になります。他方、海外のベンチャー企業への投資の場合、アーリー・ステージでの投資であっても、投資後のフォローアップのコストや効率を考えると、1件あたりの投資額は**5000万〜1億円**くらいとなるでしょう。

また、大企業とベンチャー企業の関係性が変わりつつあるとは言っても、ベンチャー企業にとって、自社の商品・サービスに大企業のブランドが入ることのメリットは非常に大きいと言えます。また、大企業がベンチャー企業に投資することは、関係作りができると同時に、**自分たちもその若いベンチャー企業と一緒に成長していくチャンスを得られる**ということを意味します。

その他、研究開発型ベンチャー企業への投資であれば、オープン・イノベーションを推進し、ベンチャー企業の技術を自社の技術と組み合わせて事業化することで、**新製品の開発をスピードアップ**できることもメリットになります。

◉資金枠を分ける、権限を委譲する

ベンチャー企業と付き合うためには機動性が重要です。ベンチャーキャピタル投資においては、多数決で決める際の問題点も挙げられます。

そのためには、**資金枠を分けて、権限は現場に委譲してしまう**ことです。具体的には、CVCファンドの資金の運用については、**投資委員会のメンバーに委任してしまい、事業会社の経営層は、報告を適時受ける形にする**ことがよいでしょう。

意思決定については、議決参加者が4～5名ぐらいが理想です。6人とか10人とか関係者が多い状況で多数決すると、良い投資パフォーマンスが出ないという研究成果が出ています。一方、数名の投資委員会で決める寡頭制（パートナーシップによる意思決定）は相応のパフォーマンスが出るという研究成果が出ています。そして、一番成果が出るのは専制君主制で、誰かがスパッと決めるのが実は一番良いパフォーマンスが出るという研究成果があります。

ただし、CVCファンドの場合、現実的には**4~5名の投資委員会メンバーによる多数決が基本**となるでしょう。

◉ベンチャー投資はそれほど怖くない

ベンチャー投資について「リスクが高い」「怖い」という声をよく聞きます。しかし、筆者は、**上場株投資に比べればベンチャー投資はむしろリスクが低いとも言える**と思っています。

上場株投資は、売買のタイミングを自分で決められるものの、投資先企業の業績や株価の値動きについては投資家がコントロールできるものではありません。

一方、ベンチャー投資は、投資先の経営が最初はうまくいかなくても、投資する側が顧客や提携先を紹介したり、マネジメントのアドバイスをしたりして、**経営のてこ入れをすることが可能**です。そういう面では、私はベンチャー投資のリスクはそれほど高くないと感じています。投資したベンチャー企業の経営がすべてうまくいくほうがおかしくて、失敗案件が出るのは当然と思って進めることです。

それからベンチャーファンドは、**分散投資の効果**があり、仮に10件投資して7〜8件が失敗に終わっても、残りの2〜3件が成功して、失敗した分を補って余りあるリターンが出れば、採算が合ってペイするという考え方をしましょう。

未公開株は成功したときの値上がりが大きいです。フィナンシャルなリターンを求めないCVC投資でも、このことはメリットと捉えられます。

◉ベンチャーキャピタル投資理論に則って投資を進める

ベンチャーキャピタル投資には、実務面と研究面で蓄積されてきた基本理論があり、これらを踏まえて活用していくことが大切です。

大きく分けて2つの理論があります。1つは**分散投資**、もう1つは**マイルストーン投資**です。

①分散投資（大数の法則）

分散投資は文字どおり、複数の案件に分散して投資することです。ここで述べるのは現代ポートフォリオ理論に基づく分散投資ではなく、**「大数の法則」における分散投資**です。各案件ごとのリスク・リターン関係がわからないので、現代ポートフォリオ理論は使えないからです。

大数の法則は、1つの案件に投資するよりも、複数の案件に投資したほうが、すべてがダメになってしまうことがなく安全という考え方です。これは感覚として容易に理解できますが、実際もそうです。文献によると、**およそ10件から15件ぐらいの案件に分散投資**しておくことが望ましいと書かれています。

筆者も、ファンドのポートフォリオとして、5社程度の案件で十分かといえば、感覚的には少ないと感じます。やはり投資先が10社から15社ぐらいあったほうが、何かしらの結果・成果を得ることができると思います。また、リスク管理の観点からも、少ない数の案

図表15　マイルストーン投資

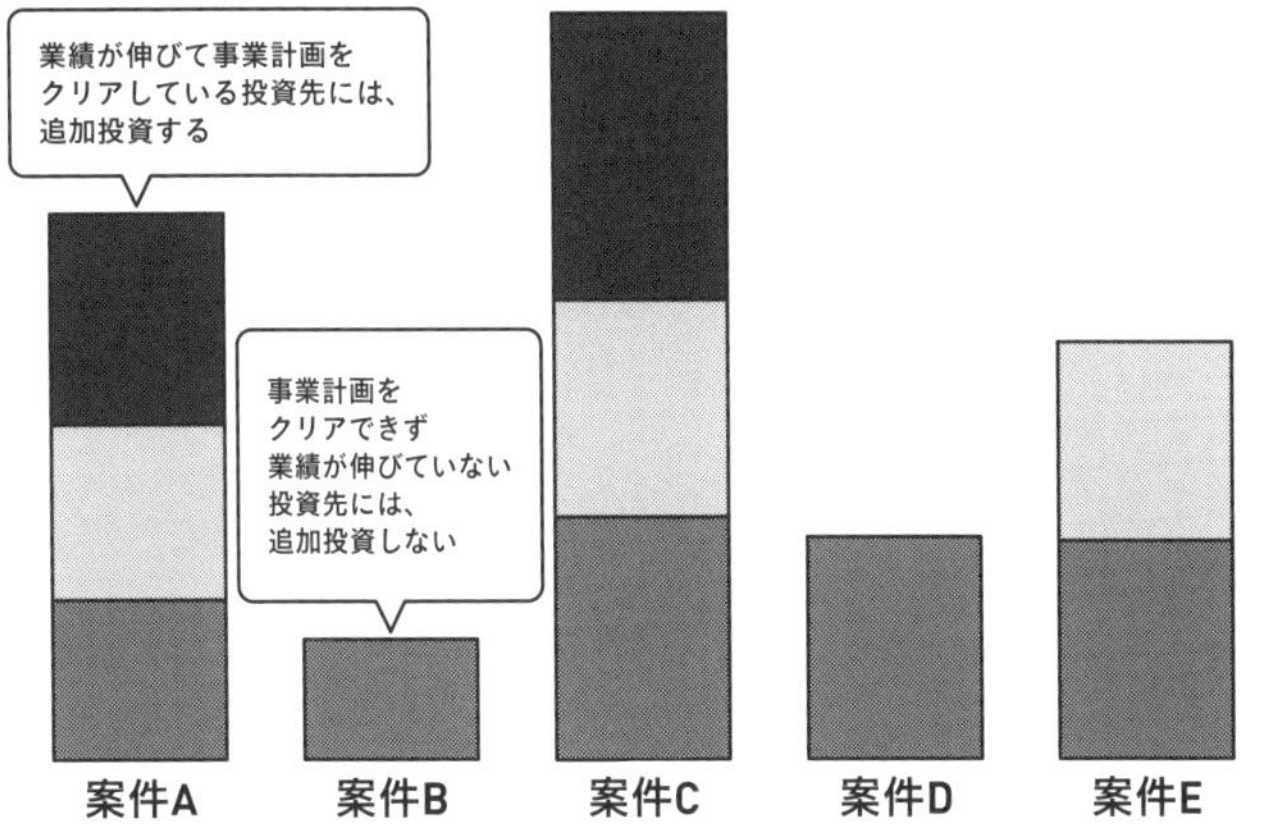

件に集中投資せずに分散投資したほうが安全です。

②マイルストーン投資

マイルストーン投資は、順調に伸びている投資先に段階的に追加投資していく手法です。

マイルストーンとは、もともと「**一里塚**」という意味の言葉です。

投資を実行する際、投資先に事業計画書を提出してもらいます。投資後、その事業計画どおり、3カ月ごと、半年後、1年後、順調に業績が上がっているかどうかを見ていきます。**事業計画書どおりに進んでいたら追加投資し、進んでいなかったら追加投資しない**という手法です。具体的に解説していきましょう。

図表15で示したとおり、マイルストーン投資とは、案件A、案件B、案件C、案件D、案件Eの各案件に対し、最初にいくらかずつ、分散して投資します。

たとえば、ベンチャーキャピタルが、ある案件に対し1億円投資しようとしたら、いきなり1億円すべてを投資しません。

まず、3000万~5000万円を投資して、事業計画どおりに事業が成長して、**マイルストーンをクリアしたら、またいくらか投資して、それを繰り返します**。順調に進捗している案件には、マイルストーンをクリアするたびに追加投資を行い、累積投資額を積み上げていきます。逆に、事業計画書どおりに進捗しなかった場合は、初回投資で止めて追加投資しないことで、累積投資額を抑えます。

マイルストーンには、売上・利益などの数字を用いる場合もあれば、開発のフェーズごとの進捗などの事象を用いることもあります。

このように、**事業計画書どおりに業績が伸びている投資先への投資残高が積み上がっていき、反対に業績が伸びていない投資先は初回の投資で収まる形になるのがマイルストーン投資**です。それにより、ファンドのポートフォリオのリスク管理ができます。

　ところで、「**プロラタ**」という言葉があります。これは、初回以降の投資を行う際、たとえば1回目は500万円投資したとして、2回目は1億円まで投資できるといった権利を留保しておくという意味です。CVC投資においては、次も投資できる権利をどれだけ取っておくかがポイントです。投資すると約束するわけではないですが、投資できる権利を留保しておくことを契約で決めておくわけです。これを「プロラタ」と言います。

◉CVC設立を行うメイン企業群

　CVC設立を行う企業は、主に大企業から中堅企業です。中小企業だと現実には難しいと言えますが、PwCアドバイザリー合同会社の資料を見ると、**売上1000億円以下の準大手企業・中堅企業によるCVC設立が多い**ことがわかります。

　東証一部上場企業でも売上400億～500億円クラスの会社が相応数あり、二人組合でCVCファンドを作っています。超大手企業の場合、子会社でベンチャーキャピタルを設立したり、自社内にCVC部門を設立したりするケースが一般的になります。

　いずれにせよ、**「超大手企業でなければ、CVCファンドは作れない」**という先入観は

捨てるべきでしょう。

◉CVCは本来、経営層の仕事！

ＣＶＣの設立は新規事業の立ち上げと密接に絡んでいますので、現場の担当者やミドル層の仕事ではなく、**経営トップが取り組むべき仕事**です。会社全体として、次にどちらの方向に行って、どのように儲けるのかの方針は、現場の人に考えさせることではなく、経営者自身がビジョンを示して行うべき仕事だと筆者は思っています。

とはいっても、大企業のトップがＣＶＣや新規事業のことをすべて一人で行うことは現実的ではありません。だからこそ、現場の中間層や担当者に委託するという意識を持っていただきたいと思います。

筆者の知るかぎり、**ＣＶＣや新規事業がうまくいっている会社は、トップの意向がはっきりしている会社**です。トップと役員、部長クラスがブレずに、意思決定がしっかりしていて速い会社です。あるいは力のあるオーナー経営者がいる会社も、意思決定がはっきりしているので、結果的にＣＶＣの設立や運営、新規事業の立ち上げがうまくいくことが多いです。

逆に言えば、「ともかく合議制で決めましょう」という会社はうまくいかないことが多いとも言えます。誰も意思決定をリードしようとしないため、コンセンサスが結果的に作れず、CVCファンド設立や投資の話が前進しません。本来はそういう会社こそ、CVCファンドを設立して、現場に権限委譲することで物事が機動的に進むようにすることが重要だと思います。

Point

投資することでベンチャー企業と関係作りができる。また、ファンドを作ることで情報が集まるようになり、権限委譲も進み、機動性も高まる。投資実行においては、分散投資やマイルストーン投資などの投資理論に沿うことが大切。

第3章

CVCの設立までの流れと設立形態

1 何を目標・目的としたCVC投資を行うかを明確にする

◉CVC設立までの流れ

CVC設立までの流れは、以下のようになります。

①何を目標・目的としたCVC投資を行うかを明確にする
②どのような体制・形態で行うかを決める
③外部VCとの二人組合の場合は、VCを選定し、協議する
④どのような分野・領域・地域に投資するかを決める
⑤ファンドの総額などを決めて、予算化し、設立する

◉まずCVC投資の目標・目的を明確にする

まずは「何を目標・目的としたCVC投資を行うのかを明確にする」ことが重要です。

他の会社もやっているからとか、オープン・イノベーションが流行っているからとか、何か新しいことを始めないといけないから何となくやろうという意識だとうまくいきません。やはり、**「何のためにCVC投資をやるのか」という目的を明確に決める必要**があります。

とりわけCVC投資においては、**事業シナジーを目指すのか、それとも新しい事業の探索・構築を目指すのか**、いずれかをはっきりさせる必要があります。そうしないと、投資対象を決めることができなくなります。

たとえば、何かの素材を作っている化学メーカーがCVC投資をするとき、本業との事業シナジーを目指すのであれば、すでに手がけている分野の周辺を検討することになります。しかし、CVC投資で目指すことが新しい事業の構築であれば、本業とは飛び地の事業ドメインや、本業と少し離れた事業ドメインを探しにいくなど、あえて本業から離れたところを探しにいくという選択肢もあり得ます。

どのような会社であっても、**本業に近い事業ドメインを探しにいくのか、本業から離れた事業ドメインを探しにいくのか**という、本業との距離の観点で投資対象を検討することが重要です。

事業シナジーを目指す場合、基本的には既存事業の補完、つまり既存事業の売上アップが目標となります。一般的に「CVC投資」というと、こちらをイメージする方も多いと思います。既存事業の売上アップのためにCVC投資を行うのか、それとも新たな売上を作るための新規事業を立ち上げようとするのか、CVC投資で目指す目的をスタート時点で明確に定めておくことがポイントです。

メインの投資対象をどうするのかについては、第4章で詳しく述べます。

Point

CVC設立にあたっては、まず「何を目標・目的としたCVC投資を行うのかを明確にする」ことが重要。既存事業との事業シナジーを狙うのか、新しい事業の探索・構築を目指すのかにより、投資対象企業は自ずと変わってくる。

2 CVC設立形態と根拠法

◉CVCの設立形態

ＣＶＣ投資を行う場合、どのような形態があるかについて説明していきます。ＣＶＣ投資を行うための方法・形態として、次のようなものがあります（図表16）。

① 自社の本体勘定から直接投資を行う
② 自社の子会社としてVCを設立する
③ 自社の専用ファンド（二人組合）を設立して、自社のためのベンチャー・ファンドを運営する

③外部VCと自社の専用ファンドを設立する

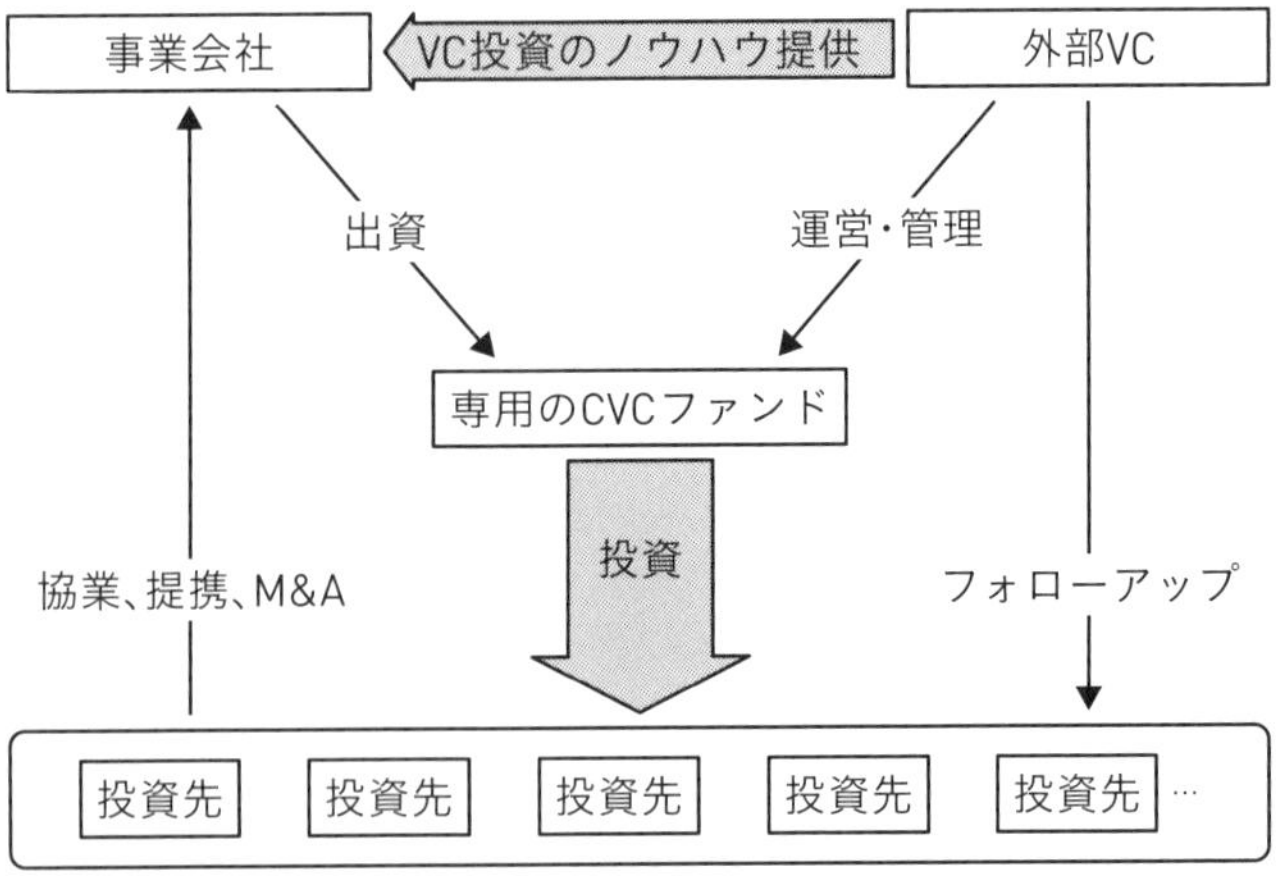

④VCファンドに他の投資家と共同で投資する

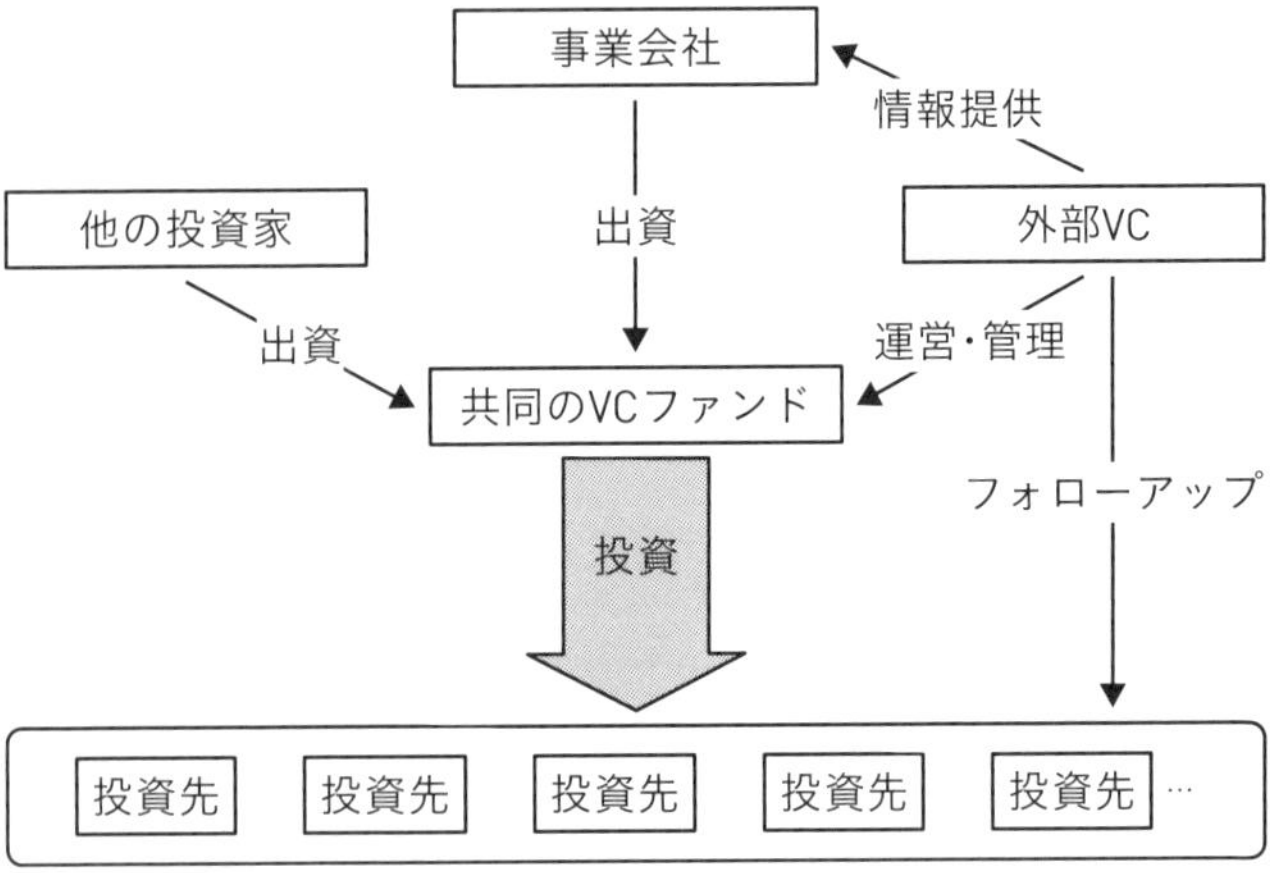

図表16　CVC運営の4類型

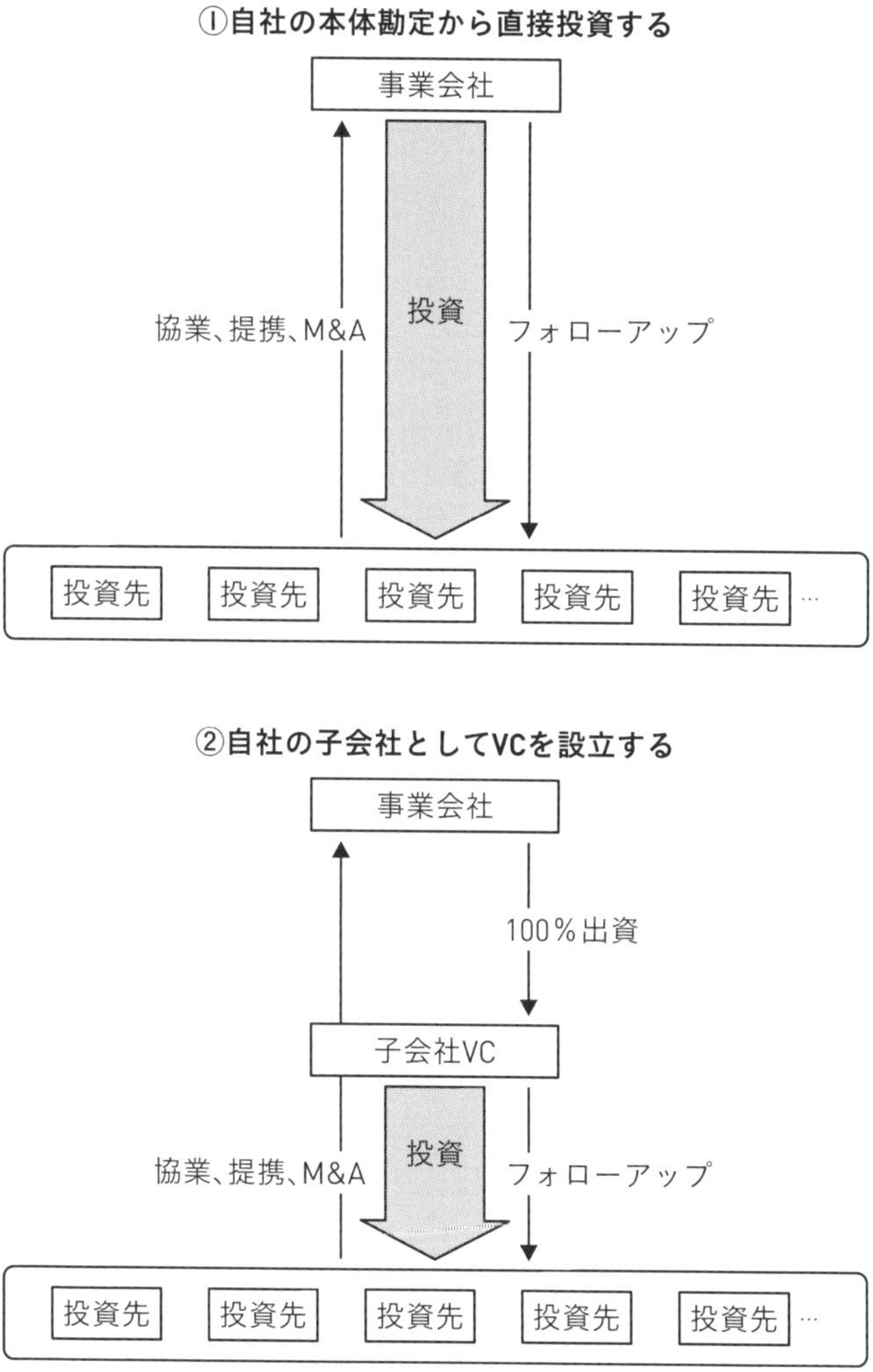

④ 外部ＶＣの複数の投資家が投資するベンチャーファンドに、他の投資家とともにＬＰとして出資して運用を任せる

①自社の本体勘定から直接投資を行う

ベンチャー・ファンド（二人組合）や子会社のＶＣを作らずに、**自社の本体勘定から直接投資していく方法**です。ただし、この場合は投資の意思決定を本体で決めることとなるため、機動性が損なわれたり、経営層の労力の負担がかかりすぎるなどのデメリットがあります。

②自社の子会社としてＶＣを設立する

自前でベンチャーキャピタルを子会社として作ってしまう方法です。たとえば、クレディセゾン、サイバーエージェント、オムロンなどは自社でＶＣ会社を設立しています。

ただし、自社でＶＣを設立する場合、費用がかかりすぎたり、人材採用が困難という課題が出てきます。また、子会社ＶＣの本体勘定からの投資の場合、ファンドとは異なり、

図表17　CVCの投資パターンごとの特徴

	パターン	特徴
①	自社の本体勘定で投資を行っていく	機動性が損なわれる。経営層の時間・労力の無駄が発生し、コストが高くつく。アナウンスメント効果などがない。
②	自社でベンチャーキャピタル子会社を設立する	費用がかかりすぎる。人材採用も困難。
③	自社の専用ファンド（二人組合）を設立して、自社の新規事業開拓のためだけのベンチャー投資を行う。なお、運用をすべて任せるのではなく、共同で運営を行う	プライベート・ファンドの形。最も推奨される形態。外部VCを活用しつつも、自社も運営に関わることで、新規事業につなげやすくなる。
④	外部のベンチャーキャピタルの複数の投資家が投資するベンチャーファンドに、他の投資家とともにLP（Limited Partner　有限責任組合員）として出資し、運用を任せる	自社の新規事業とは関係のない分野に投資される可能性がある。また、良い案件が来ても、自社がコラボできない可能性がある。

投資期限が区切られないため、投資のガバナンスが効きにくくなるというデメリットがあります。

③自社の専用ファンド（二人組合）を設立して、自社のためのベンチャー・ファンドを運営する

外部のVCに投資案件の発掘や投資判断を担ってもらう、自社専用のファンドを設立する方法です。ファンドの出資者が自社と運用するVCの2社だけとなるため、「**二人組合**」と呼ばれます。筆者が一番おすすめしたいパターンであり、本書は、この二人組合の形態によるCVCの運営をテーマとしています。

④外部ＶＣの複数の投資家が投資するベンチャーファンドに、他の投資家とともにＬＰ（リミテッド・パートナー）として出資して運用を任せる

これはかつて二人組合やＣＶＣという考え方がなかった時代にメインだった手法です。他の複数の企業と共同で１つのファンドに出資して運営することになるのと、キャピタル・ゲイン獲得を目標とする投資になることが多く、また自社の新規事業立ち上げとは関係のない領域に投資されてしまうことがあるのがデメリットです。詳しくは後述します。

◉外部ＶＣを用いることのメリット

外部ＶＣを活用して自社の専用ファンド（二人組合）を設立してＣＶＣ投資する方法と、自社の人材だけでＣＶＣ投資を行う方法の比較をしてみたいと思います。

外部ＶＣを用いることのメリットは、ＶＣ業務のノウハウをすぐに得られる点にあります。投資先候補の発掘、投資審査、投資後のフォローアップ、ファンドの管理業務などを委託することができます。

他方、外部ＶＣを活用しない場合、自分たちで一からＶＣ投資のノウハウを習得してい

図表18　外部VCを活用する場合と自前で行う場合の比較

	外部VCを活用する場合	自前で行う場合
VC投資のノウハウ	外部VCから提供してもらえる	自分たちで、試行錯誤しながら、積み上げなければならない
人材採用の必要性	不要	必要となるケースが多い
ファンドの管理業務	外部VCが行う（一部、LPが行う作業も）	すべて自分たちで行わなければならない
外部へのアピール	外部VCと二人組合を設立することで、対外的にアピールできる	なかなか明確に対外的なアピールにならない

くか、ＶＣ業務の経験者を採用することが必要になります。これは、スピードや効率の面で難しい選択肢となります。

表で比較すると、図表18のようになります。

●複数の投資家によるベンチャー・ファンドへの投資（LP出資）の是非

外部ＶＣを用いた自社の専用ファンド（二人組合）設立を進める前に、別の投資事業組合（ベンチャー・ファンド）に他の会社と共同投資する形でＣＶＣ投資を行うという選択肢もあります。

ただし、この方法は、共同出資する企業のターゲットが同じで、かつ投資後に投資先ベンチャー企業との連携が平等にできればよい

図表19　他の会社と一緒にLP出資でファンドを作ることのメリット・デメリット

	複数の投資家でのファンド（他社と共同ファンドにLP出資）	自社専用ファンド（二人組合）を設立
ターゲット以外に投資されてしまう可能性	自社と関係のない分野・企業に投資されてしまう可能性あり	自社と関係のない分野・企業に投資されてしまう可能性なし
他の投資家と投資先との協業で取り合いになる可能性	他の投資家と良い案件との協業機会の取り合いになる可能性あり	他の投資家と良い案件との協業機会の取り合いになる可能性なし
少額だけの出資にできるか	1口だけなどの少額出資が可能	ある程度の金額を出す必要がある
ファンド総額を大きくすることの可否	複数の投資家で、大きなファンドを作れ、分散投資がより一層可能	自社が出せる金額のファンド総額となる

のですが、そうでない場合、うまくいかない可能性が高くなります（反面、出資額を少額に留めたり、共同出資によってファンドの規模を大きくして、分散投資先を増やせるというメリットがあります）。

すなわち、共同投資の場合、**自分たちがCVC投資で求めている方向性・ターゲットとは異なる分野・企業に投資されてしまう可能性があるのと、良い案件に投資がなされても、他の企業と取り合いになってしまうなどの危険性があります。**

これを図にまとめると、図表19のようになります。

以上の理由から、筆者はファンドの規模はそれほど大きくなくとも、自社の専用ファンド（二人組合）を設立するほうが、成果が出やすいと考えます。

◉自社で子会社VCを設立する場合とファンドを設立する場合

もう一つ、比較の観点として、先に述べたように、自社で子会社VCそのものを設立してしまうという方法があります。

自社で、**子会社VCを設立する場合、投資を行う人員をどう確保するのかという問題が出てきます**。社内にベンチャーキャピタル業務ができる人材がすでにいればよいですが、そうでない場合、外部から採用してこなければなりません。しかし、労働市場にベンチャーキャピタリストはなかなかいないのが実情で、難しいと考えなければなりません（クレディセゾンのように、既存事業部の社員が子会社VCの業務を兼務するといった特殊な例もあります）。

子会社VC設立によるCVC投資を実践している会社の場合、子会社VCに出資や融資の形で本体から資金を入れ、子会社VCのバランスシート（資産の部）で投資先の株式等を保有する形を採っていることが一般的です。

もちろん、このやり方もひとつの手法ですが、会社のバランスシートを用いた投資であり、**ファンドのように投資の期限がないため、投資のガバナンスが効きにくくなります**。

それに対し、自社専用ファンド（二人組合）を外部ＶＣとともに設立した場合、ファンドの期限が必ずありますので、**期限が来るまでに投資案件を何らかの形でエグジットさせなければならないというインセンティブが働きます**。ベンチャー投資とは、流動性のない未公開株に投資することなので、このガバナンスが効かないと塩漬けになってしまう案件が出てきて、それが放置されて積み上がってしまうことにもなりかねません。

外部ＶＣとともにファンドを作るのではなく、子会社ＶＣと親会社（本体）との二人組合でファンドを作る方法もあり、それもひとつの選択肢です。

いずれにせよ、筆者は、子会社ＶＣを設立してそのバランスシートから投資するよりも、**外部ＶＣもしくは親会社と専用ファンドを設立して、そのファンドから投資したほうが、ガバナンスも効きやすく、よい投資スキームになる**と考えます。

以上をまとめたのが図表20です。

図表20　子会社VCからの投資に関する比較

	子会社VCのバランスシート上から投資	外部VCとの専用ファンドから投資	子会社VCと親会社との専用ファンドから投資
ファンド期限などからのガバナンス	効きにくい	最も効く	効く
人材の採用	必要	不要	必要（一部不要）

◉自社の本体勘定からの投資を行うことについて

ここまで、外部VCと共同による自社専用ファンドの設立、外部VCのファンドへ他の複数の投資家との共同によるLP出資、子会社VCの設立（親会社とのファンド設立も含む）を検討してきましたが、最後に、大手企業が自社の本体勘定から投資する方法について検討してみましょう。

先に述べたように、**自社の本体勘定からそのまま投資しようとすると、社内の稟議プロセスを通すことが必要となり、機動性が求められるベンチャー投資に支障が出ます**。投資先候補のベンチャー企業との信頼関係を損ね、せっかくの投資機会を失うことになりかねません。

また、大手企業の経営会議では、大きな金額の案件や重要事項の議案の議論がなされることが多く、そのような場で数千万円程度のベンチャー投資案件について同列に議論することは、**組織としてコストがかかりすぎる**ことになってしまいます。

やはり、**現場に権限を委譲して、機動性のある意思決定ができる組織上の仕組みを作り、効率的な投資活動を行えるようにすることが大切**です。

さらに、これも前述したことですが、自社の専用ファンドや子会社VCを設立することで、外部に対してベンチャー投資をする意欲・意向があるということを**明確にアナウンスすることが**、投資案件の発掘やIRの観点からも重要です。

その意味で、筆者は、大手企業が自社の本体勘定からそのままCVC投資を行うのではなく、**外部VCと共同で自社専用ファンド（二人組合）を設立して、CVCを運営**していくことを推奨しています。

◉経営がコミットし、経営リソースを継続して投入し、中長期的な目線で見守る

CVC投資は、短期的な成果だけを求めると、うまくいきません。経営層は、経営方針のひとつとしてオープン・イノベーション戦略を採り、その実践のためにCVCファンドの運営を行っていることを、**鳥瞰的かつ中長期的な目線で見る**ことが大切です。

既存事業が自社の将来を保証してくれるわけでないことをしっかり認識し、新しい分野の開拓のためにCVC投資を行っているのだということを経営層がブレずに考え、後押ししている企業は、CVC投資が成功しやすいと言えます。

実際、ベンチャー・ファンドは、初期は管理報酬などの経費が先行したり、また経営に行き詰まる案件が先に出たりした後に良い案件の成果が出てくるという「**Jカーブ**」を描くことが普通です（図表21）。このことを意識・覚悟しておきましょう。

図表21　ベンチャー・ファンド投資の「Ｊカーブ」

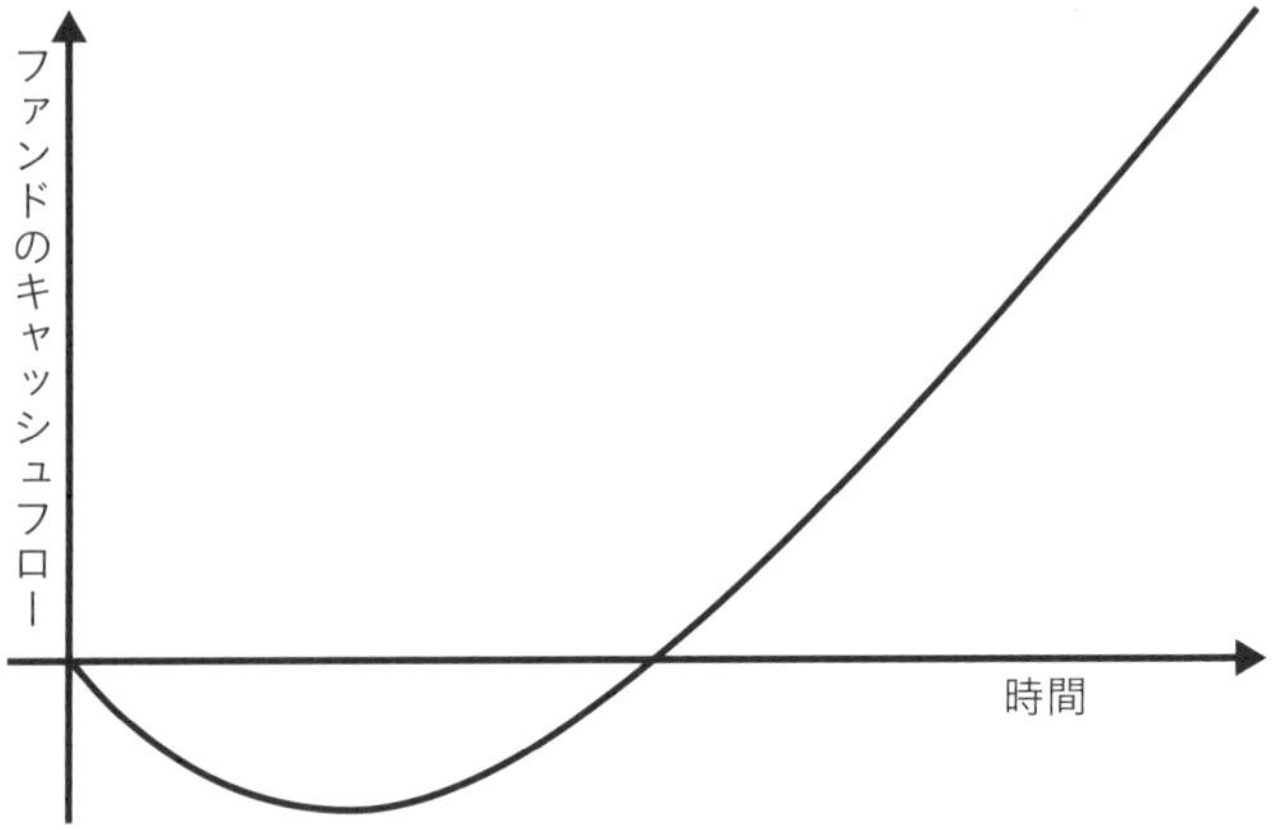

Point

ＣＶＣ投資には大きく４つの形態がある。それぞれメリットやデメリットがあるが、外部ＶＣと共同で自社の専用ファンド（二人組合）を作って行うパターンが、設立のしやすさや意思決定のスピード、ガバナンスなどの面から推奨したい方法である。

3 ベンチャー・ファンド設立の根拠法

◉ベンチャー・ファンド設立の根拠法

ベンチャー・ファンドを設立するための根拠法としては、次のようなものがあります。

①　投資事業有限責任組合法（ファンド法）
②　民法上の任意組合
③　商法上の匿名組合

①投資事業有限責任組合法（ファンド法）

１９９８年にできた制度です。この法律に基づいてファンドを作った場合、一般の出資者は「**有限責任組合員（リミテッド・パートナー　ＬＰ）**」として有限責任を負い、ベンチャーキャピタルのみが「**無限責任組合員（ジェネラル・パートナー　ＧＰ）**」として無限責任を負うことになります。

そのほか、決算時に投資している未上場有価証券の**時価評価**をしなければならない、ファンドの**監査**をしなければならない、海外投資をする場合、投資総額の半分未満にしなければならないなど、運営上の様々な制約があり、そのための手間やコストがかかります。ただし、上場企業で「法的に確実に有限責任を担保したい」という場合には、このスキームを採用することになります。

②民法上の任意組合

①の投資事業有限責任組合法ができるまで、日本でベンチャー・ファンドを作る際に一般的に用いられていたスキームです。①に比べてシンプルで使い勝手がよく、**監査も時価評価も不要であり、運用コストが低いため、二人組合を設立する場合はこのスキームを選**

択することが推奨されます。

出資者の呼び方は、ファンド法における有限責任組合員のことを「**非業務執行組合員**」、無限責任組合員のことを「**業務執行組合員**」と言います。

責任の範囲は①とほぼ同じになりますが、**法的には非業務執行組合員の有限責任が担保されず、無限責任となってしまう点にネック**があります。ただし、その点については、ファンドで借入をしたり、訴訟問題が起こったりしない限り、「出資分以上の損失は被らない」という面での非業務執行組合員の有限責任は担保されます。

③商法上の匿名組合

不動産の証券化などのスキームとしてよく用いられますが、ベンチャー・ファンドでの利用はほとんどありません。

◉ファンド額はいくら必要か？

ファンドを作るのに最低どのくらいの予算確保が必要なのかとの質問をよく受けます。

筆者の感覚では、**最低でも５億円から10億円は必要**と考えます。そのくらいの額であれば、１案件あたり平均５０００万円で６～10社に投資する形でファンドを運営することができるからです（なお、ベンチャー・ファンドは、管理報酬等のコストがかかるため、ファンド総額すべてを投資実行することができません）。

最低３億円くらいから始めることもできますが、少額では受託運用するＶＣの管理報酬や運用コストを考えると採算が合わないため、外部ＶＣに受託してもらえない可能性があります。その場合は、ファンド額をアップするか、ＶＣの管理報酬を年率２・５％から３％にアップするなどの対応が必要です。

現実的には、資金に余裕があるのなら、**10億円くらいからスタート**したほうが、毎回設立する稟議の手間や追加投資資金の確保、投資の継続性の面で理想的です。

大企業では、ＪＡＬ（日本航空）が80億円、ソニーが５００億円でファンドを設立しています。ＮＴＴグループも正確な額は不明ですが６００億～７００億円と言われています。ソフトバンクグループは１兆円の「ソフトバンク・ビジョン・ファンド」を運営しています。

もちろん、これらは巨大企業のケースであり、**また通常のＣＶＣファンドの設立は50億**

円が最低ラインという意見も聞かれますが、筆者は、まずは5億〜10億円でスタートしてみることが妥当と考えています。

◉拙速になりすぎない投資活動が重要

CVC運営にあたっては、「投資資金にだぶつきがあるがゆえに拙速に良くない案件にも投資してしまう」という事態を避けなければなりません。ファンド期間に余裕を持たせすぎて、投資実行を焦りすぎないことが大切です。

また、ファンドの額をいきなり大きくしすぎると、「**フリー・キャッシュフローのエイジェンシー問題**」というものが発生します。

これは「プリンシパル・エイジェント理論」という、ミクロ経済学の応用としての契約や情報の経済学の理論によるものです。依頼人（プリンシパル）の意図どおりに代理人（エイジェント）が行動するかどうか、機会主義的な行動をいかに抑制するかという問題です。本来得られたであろう利益から実際の利益を控除した差額を「エイジェンシー・コスト」と言います。

つまり、「自由に使えるお金がありすぎると無駄なお金の使い方をしてしまう」ということです。子どもにお小遣いをあげるのと同じで、誰かに運用を任せたり弁護士などに依頼したりするときも、渡したお金を意図どおりに使ってくれればいいのですが、VCにあまりに多額のお金を渡しすぎると、出資者の意図どおりに使ってくれない可能性も出てきます。また、資金がありすぎると、拙速になりすぎる危険性もあります。そういう面で多すぎない範囲の資金量で始めるのがいいでしょう。

Point

ベンチャーファンドを設立する際には、投資事業有限責任組合ではなく、民法上の任意組合の形態も有力である。また、スタート時のファンド総額は、管理報酬や事務コスト、投資の拙速を避けるなどの観点を踏まえて検討する必要がある。

第4章

CVC投資の案件発掘と投資審査

1 投資対象の選定と案件の発掘

◉メインの投資対象領域をどうするか

ＣＶＣ投資を進めるにあたっては、**メインの投資対象領域をどこにするか、どんなベンチャー企業に投資するかをまず決める**必要があります。

メインで投資する事業領域や投資対象は３つくらいに絞るのがいいでしょう。「技術の方向性」あるいは「事業ドメイン」など、**何らかの軸を作って投資方針を決めていきます。**

たとえば、「技術の方向性」で絞るとすれば、「ＡＩ（人工知能）」「ＩｏＴ」「ロボティクス」の３分野に投資するといった具合です。また、事業ドメインで絞るのであれば、「物流」「新エネルギー」のように、何らかの方向性を決めていきます。

その一方で、**投資対象として取り組まない領域分野を決める**こともあります。たとえば、「健康」「生命」「バイオテック」「メディカルデバイス」など、生命に関わるような分野には投資しないという選択肢もあります。

「何となく良さそうな案件に投資しよう」という曖昧なスタンスはよくありません。結果的に当初立てた投資方針と異なる領域に投資することがあったとしても、「自分たちはこういう案件に投資するんだ」という基本スタンスを決めておくことが必要です。

なお、これからの時代は、**現在の事業領域と近い分野に投資するのか、それとも離れた分野に投資するのか**が、かなり議論になってくると思います。

大手企業で既存事業がうまくいっている会社であればあるほど、CVC投資も同じ方針・方向性を立ててしまうと、CVC投資を本体勘定と別枠でやっている意味がなくなってしまうという側面が出てきます。

少し目線を変えた新規事業の立ち上げ方を考えて、現在の事業とは異なる領域を設定してみたり、あえて離れた分野に投資することを方針で決めてみたりするなど、技術分野でも少し異なる領域を目指してみようと考えることが必要となることもあります。これがまさに外部を探索していくオープン・イノベーションです。

「ベンチャー投資」というと、「ハイテク企業への投資」というイメージが強くありますが、**あまりに最先端の技術にこだわりすぎると、「事業化までに時間がかかりすぎる」**という問題が出てきます。筆者の場合、3年から5年ぐらいで事業化の目途がついて新しい売上を取れるような案件を選ぶようにしています。CVCを設立した以上、いくらかのキャッシュが早めに入ってきたほうが、会社側からCVC投資が「成功している」との評価を得やすいということが言えます。

◉CVCで目指す2つのもの

CVCで目指すものとして、以下の2つの考え方があります。いずれをメインに目指すのか、はっきりさせる必要があります。

① 既存事業との事業シナジーの獲得
② 新規事業立ち上げのためのシーズの獲得

CVCで目指すべきは、①の「**既存事業との事業シナジーの獲得**」と考えている人が多いと思います。しかし、筆者は②の「**新規事業立ち上げのためのシーズの獲得**」こそが、CVCで目指すべきものと考えています。

外部から技術やビジネスモデルを得て、それと絡めて新しい事業を構築する。1つの事業しかなかったら、第2の事業を作る。事業を3つ持っているのであれば、4つ目の事業を作る。そのためにCVCが有効だということです。

CVCを設立・運用する際、自分たちが行おうとしているのは①と②のどちらなのかを**CVCファンドを設立する際に、GP側とLP側でしっかり議論して決める**必要があります。

CVCファンドの運用がスタートした後で方針を途中で変えることは問題ありませんが、ある程度はスタート時点ではっきりさせないと、何に投資すればいいのかわからなくなります。また、どんな対象に投資しようとしているCVCファンドなのかがわからないと、投資案件の情報が集まりません。案件紹介を頼まれた人も、どんな案件を紹介していいかわからない状況になります。

もし、①の事業シナジーの獲得を目指すのであれば、**「自社にとっての〝事業シナ**

ジー〟とは何か」を議論し、ファンドのスタート時に決めておくことが必要です。そうしないと、事業シナジーのあるところに投資しようとしても、どのようなベンチャー企業が事業シナジーのある会社なのかわからなくなってしまいます。

最後に、三番目の目的として、**「純粋な投資」を行うのかどうか**も決めておきましょう。「純粋な投資」とは、純粋にフィナンシャルなリターンを取れそうなものにも投資しておく、すなわちCVC投資ではなく、通常のVCのような投資を行うかどうかということです。この場合、投資先が成長すれば、お金がリターンとして戻ってくるため、ファンドのパフォーマンスが良くなり、ファンドを評価する際に悪い評価になりにくいという面があります。

◉代替型と補完型のCVC投資

それから、**「代替型の投資」**と**「補完型の投資」**という考え方もあります。たとえば、オムロンベンチャーズは、この2つの観点で分けて、投資活動を行っています。

代替型のCVC投資は、**本来は社内でやるべき新規事業立ち上げの試行錯誤を外部に委**

託する形の投資です。本来、自社で手がけるような事業を行っているベンチャー企業に投資して、試行錯誤をその会社に代わりに実行してもらうわけです。自社で行うには、採算が合わないといったプロジェクトも一部含まれます。

他方、補完型のＣＶＣ投資もあります。これは、**自分たちが取り組もうとしている事業や製品開発の足りない部分を行っているベンチャー企業に投資して、補完（事業的あるいは技術的）してもらう**という形です。これは事業シナジーを得るための投資とも言えます。

いずれにせよ、どういう案件に投資するかについて、ファンドの設立時に決めておくとともに、ファンドの運用が始まった後も、試行錯誤したり紆余曲折したりすることを拒まずに受け入れて、検討を継続していくことが必要です。

◉海外投資をするかどうか

海外投資をするかどうか。これも企業によって判断が分かれると思います。

一番のネックは言語です。投資する前も投資した後も、投資先と英語でコミュニケーションをとらなければならないため、英語が得意な人材が少ない会社ではコラボレーションが進みにくくなる可能性があります。

たとえば、**米国カリフォルニアなどは、日本と比べてベンチャーの質も量も優れている**地域であるため、投資対象としては理想的ですが、この「コミュニケーションの壁」は日本人にとって大きな問題と言えます。「日本企業同士のほうが日本語でやり取りできるので効率がよい」と考えるのであれば、海外企業への投資が一概に良いとは言えないことになります。

実際、VCの研究においては、「**VCと投資先の地理的な距離が離れれば離れるほど、フォローアップが十分にできず、投資パフォーマンスが下がる**」という研究成果があります。つまり、「地理的に遠いところにある企業へ投資をすると、良い成果が出にくい」ということです。

世界の最先端技術が集積するのはカリフォルニアのシリコンバレーであることは間違いありません。ただし、**現地のインナーサークルに入ることは簡単ではありません**。ベンチャー投資は意外と「内輪の世界」という側面があり、たとえばスタンフォード大学のMBAを持っているような人なら比較的取り組みやすいでしょうが、一般的な日本企業がそのネットワークに入っていくことはなかなか難しいのが実情です。

　また、投資家間の競争も非常に熾烈で、1回当たりの投資額も大きくなっており、ついていくのが大変です。たとえば、著名な米国VCのシリーズAやシリーズBくらいの企業に対する1回当たりの投資は約5億円から10億円くらいです。ファンド総額5億円から10億円くらいでスタートしようとしている日本のCVCではとてもついていけない感じです。そう考えると「**シリコンバレーは避けたほうが良いのではないか**」と筆者は思っています。

　筆者の場合、客員研究員もしているカリフォルニア大学サンディエゴ校（UCサンディエゴ）から投資案件の紹介を受けることがありますが、それは学界のつながりです。大学の先生同士のつながりの中で、普通の企業ではなかなか入りにくいネットワークに入っています。そして、**相手の大学や研究所にいくらかの寄付をすると、積極的に案件の紹介に対応してくれます**。アメリカの大学は寄付金を常に求めているので、年間1万ドル（約100万円）程度の寄付でも対応が変わってきます。このように大学（ビジネススクールや工学部）とのコネクションを作ったり、教授等と学会で知り合いになって仲良くなったりするなどして、投資先企業の情報を得たり、紹介を受ける足がかりをつくるのもひとつの手だと思います。

　筆者が一昨年投資した、カリフォルニアのサンディエゴのあるベンチャー企業の社長はまだ26歳でしたが、こんなに優秀な起業家がやはり世の中にはいるのだと思いました。筆者はこれまで相当数の社長や起業家と会ってきましたが、彼の会社には会ってから3週間で投資を決めました。そのとき、やはりベンチャー企業の質・量ともにカリフォルニアは良いと感じました。

筆者の場合、現状で投資している企業の8割以上は海外です。デュー・ディリジェンスしている件数も8割ぐらいが海外企業です。特に、**シンガポールの案件が増えています**。とりわけ、近年大学ランキングが急上昇しているシンガポール国立大学（NUS）関連のベンチャー企業に有望な会社が多いです。また、シンガポール政府も国を挙げてベンチャー企業の支援をしています。その他、**オーストラリア、とりわけブリスベンにあるベンチャー企業の投資**にも、筆者は取り組んでいます。同地域には、AI教育に力を入れている大学がいくつも集積し、たとえばクイーンズランド工科大学関連のベンチャー企業が有望です。

その一方、**日本国内、とくに東京のベンチャー投資は「魚より釣り人のほうが多い」という状況で、非常に競争が激しい**です。優秀なベンチャー企業の数が少ないため、取り合いになり、株価が上がりすぎている状況になっています。

以上のことから、筆者の場合、基本的にニッチ戦略を採り、日本のＶＣやＣＶＣがあまり行かないところで投資候補先企業を発掘しに行くというスタイルの中で、海外投資を位置づけています。

◉海外から技術・ビジネスモデルを持ってくる

繰り返しになりますが、本体の事業から距離的に離れた領域で高収益ビジネスを探索するべく投資するということも考えられます。たとえば、**日本での独占的な事業展開権を得られる技術やノウハウを有する海外ベンチャー企業への投資は、ひとつの勝ちパターンと言える**でしょう。

前述したとおり、海外企業への投資には言語の問題がありますが、**米国西海岸やシンガポール、オーストラリアなどのベンチャー企業の日本企業や日本市場への関心は依然として高い**です。

日本の市場は縮小しているとはいえ、ＧＤＰで世界第３位の規模であり、マーケットとしていまだに魅力があるのでしょう。筆者が活動している範囲でも、海外のベンチャー企業の多くは、日本への関心が高いです。したがって、海外ベンチャー企業に投資して、「日本での独占的な事業展開権を得られる技術やサービスを日本市場に持ち込んで新しい売上を立てる」というビジネスモデルにはまだまだ妙味があると言えます。

◉投資先ベンチャーをどう見つけるか

次に、具体的に投資候補先となるベンチャー企業をどう見つけるかです。

投資資金を別枠としてベンチャーファンドを設立すればアナウンスメント効果はありますが、ただ待っているだけでは投資案件はやって来ません。

案件がまっさらな何もつながりのないところから入ってくることはありません。何かしら「人とのつながり」があるところから入ってきます。

そういった面では、**人と人とのつながり、すなわち人とのネットワーク**、とくに「より強い人間関係の間でしか案件情報を交換しない」ということがVC投資の世界では多くあります。いかにその中に入っていけるかがポイントとなります。

そのためには、自分自身が物事に誠実に取り組むことが重要ですし、何かしらとっかかりを見つけて、人脈を作り案件を獲得するべく、攻め込んでいくことも必要になります。

たとえば、ベンチャー企業が集まる交流会やビジネスプラン発表会などに顔を出してベンチャー企業家との**人的ネットワークを作っていくことが重要**です。ベンチャー企業の集まり、あるいは投資家の集まりに行き、物怖じせずに遠慮なくどんどん名刺交換して新しい知人や友人を作っていくことです。

そして、そこで作った人脈からまた新しい人脈を紹介してもらって、新しい知人や友人を作っていく。これらをしっかり行っていかなければ、独立したベンチャーキャピタリストではなく、企業に属する立場でCVC投資を担当するとしても、投資活動を行っていくことは難しいでしょう。

そのほか、VC同士の横の連携はもちろん、様々なコンサルティング会社、金融機関等との連携も必要です。

◉出資元企業の人脈やコンサルティング会社も活用する

LPサイド、すなわち、**ファンド（二人組合）の出資者側の企業の人脈も大切**です。その会社の役員が持っている人脈は、その会社にとって有益なＣＶＣの投資先候補になる可能性が高いからです。元々そこに長くお勤めの方々なので、何かしら自社のＣＶＣ投資につながる有益な情報が入ってくることがあり、大切にしていただきたいと思います。

それから、自分たちだけで海外ベンチャーのインナーサークルに入っていくことが難しい場合は、すでに対象地域のインナーサークルに入っているインフォーマルなネットワークを持っている人あるいは**コンサルティング会社と契約して、案件を紹介してもらう**のも有益な方法です。大手会計事務所系のコンサルティング会社では高額な紹介料を払う必要がありますが、小規模のコンサルティング会社なら年間数百万円ぐらいで良い案件を紹介してもらえることもあります。

「お金を払って時間を買う」というスタンスで、地場にいなければ入れない、あるいは地場で何年もかけて活動しなければ入っていけない案件情報を獲得することができるようになります。

◉ＶＣ投資成功のポイント、それは？

ＶＣ投資の成功ポイントとは「投資の目利き（投資判断）」と思われがちですが、はっきり言ってしまうと、実は「**いかに良い案件を見つけてこられるか、あるいは紹介してもらえるか**」です。もちろん、投資後のフォローアップや連携も大切ですが、基本的に、ベンチャー投資は〝良い案件の発掘〟に尽きます。良い案件を見つけてこられない限り何も始まりません。そのためには、「**ディール・フローの構築**」、つまり、**案件が紹介で入ってくる流れを作ることが大切**です。

筆者は自分自身でも投資先企業を探しに行きますが、闇雲に回っているわけではなく、様々な企業を紹介してもらえる流れを作っています。たとえば、シンガポールなら、シンガポール国立大学の関係者が案件を紹介してくれる流れを作っているわけです。そのようなディール・フローを構築しなければ、ＣＶＣファンドを設立したものの、「案件の組み入れがまったく進まない」ということが実際に起こります。

◉投資案件の発掘における思考

投資案件の発掘における思考としては、以下の3つの基準があります。

①ポートフォリオで考える……今すでにこういう会社に投資しているから、こういう分野にも投資しておこう
②事業領域で考える……本業からの距離の近さ・遠さ・相互補完などから検討する
③CVC投資としての本業とのシナジー、新規事業のシーズ獲得の観点で考える……通常のVC投資とは異なり、CVCとして考えることが求められる

このような視点で、投資案件を発掘し、選別・選定をしていきます。

ベンチャーキャピタリストは、頭の中で「ミドルリスク・ミドルリターン」「ハイリスク・ハイリターン」「ローリスク・ローリターン」といったリスク・リターン関係や投資先の事業領域のバランスを考えます。その上で「自分のポートフォリオとして、このあた

りの案件をもう少し組み入れたい」と考える思考パターンがあります。同時に、特にCVCの場合、相手先企業の事業領域との距離感は非常に重要なので、そこをどうするかを考えます。

ベンチャー投資は、**案件がすべて出てきてから投資決定できるわけではなく、一期一会**のようなところがあります。**先に出会った案件を検討して、投資するかどうか決めざるを得ない**わけです。たとえば、人工知能のある分野にすでに投資してしまっていたら、次に出てきた別の分野の人工知能の案件をいいなと思っても、その案件への投資は見送るということもあるわけです。

なお、良い案件とは、単に「成長しそうな会社かどうか」ということだけではなく、CVCである以上、「**自社とどのように組めそうか**」「どのように自社の新規事業に取り込めそうか」「取り込むとしても、事業シナジーなのか、それとも新規事業のシーズが取れそうなのか」「どこの部署とどう組めそうなのか」などを考える必要があります。

◉CVCとしてのアンテナの張り方、情報収集

CVCは、次の新規事業となるところに投資するわけなので、**技術動向、業界動向、産業動向に関する情報については常にウォッチしておく**ことが重要です。しかもその産業の中において、「どういう会社が伸びやすいのか、あるいは伸びていくのか」ということにもリアルに接するとともに、調査レポートなどでも情報を入れておくとよいと思います。『日本経済新聞』等の新聞、雑誌、ムック、調査レポートに日ごろから目を通すことをルーティンにするのがまずは大切です。

また、非常に役立つのは**展示会**です。展示会は各社が営業の観点から出展しています。出展各社にとってはアピールの場なので、積極的に説明を受けることができます。ただし、展示会は巨大な会場で行われることが多く、ただ漫然と行っても効果的でない場合もあります。筆者の場合、CES（Consumer Electric Show）等の海外の展示会では解説付きの有料ツアーに参加することもあります。

CVCの担当者である以上、情報感度を高めるためにアンテナを高く張っておくことが

必要となります。**技術系ベンチャーへの投資でも、基礎的なことについて、わかりやすく解説している本などを読んで知識を補っていくことで対応が可能**です。

その意味では技術的素養がある人が担当者にふさわしいかというと、ある程度はあったほうがいいと思いますが、必ずしも技術系バックグラウンドがなくとも、新しい領域の知識を速く吸収してコラボレーションで事業構築していけるビジネス・デベロップメント系の素養のあることが大切で、そのような素養を高めていくことが求められると言えます。

Point

ＣＶＣ投資で重要なのは、目標を既存事業とのシナジーにおくのか、新たな事業シーズの獲得にするのか、明確にすることである。また、ＣＶＣ投資の成否を決めるポイントは、「いかに良い案件を見つけてこられるか、あるいは紹介してもらえるか」。

2 投資先の見極め方とデュー・ディリジェンス

◉デュー・ディリジェンスをどうするか？

デュー・ディリジェンス（投資審査）には、**アウトソース（外部に委託）で行うか、内製で行うかの２つ**があります。大手ＶＣの場合、デュー・ディリジェンスは内製で行うことがほとんどです。しかし、**ＣＶＣの場合、部分的に外注で行うことが一般的**です。したがって、どの部分までを内部で行い、どの部分をアウトソースするかを決める必要があります。

具体的には、法務デュー・ディリジェンスは弁護士に、株価算定や財務デュー・ディリジェンスは公認会計士に委託する形となります。ただし、ビジネス・デュー・ディリジェンス、すなわち〝投資の目利き〟は、二人組合の場合、運営を受託しているVC（＝GP）自体が行います。一部を「ファンドの出資者」（＝LP）と共同で取り組むこともあります。

筆者の場合、**法務デュー・ディリジェンス**は、日本国内案件については弁護士4～5人でチームを組み、海外案件についてはカリフォルニア投資チームとシンガポール投資チームが別々の事務所で各4～5人でチームを組んでいます。法務デュー・ディリジェンスについては「やらない」という選択肢もありますが、投資対象企業が法的に問題ないか、適法に設立・運営されているかをきちんとチェックすることはやはり大切です。上場企業のCVCであれば必須です。

弁護士に依頼するときは、「この範囲でやってほしい」ということをしっかり伝えましょう。そうしないと、アーリー・ステージのベンチャー企業に対して、必要以上に過度な時間と労力をかけたデュー・ディリジェンスを行ってしまうことになります。

公認会計士による株価算定、財務デュー・ディリジェンスも、行うこととなります。株価算定については、投資候補先企業から提出された向こう3カ年か5カ年の売上・利益からDCF法（ディスカウント・キャッシュフロー法）で算出することになります（できれば5カ年で見たいところですが、あまりに不確実な数字になる場合は、3カ年で分析することが妥当と言えます）。

ただし、**未公開株式の株価算定方式には様々な手法があり、それぞれの案件の状況に応じて、適切な算出方法を選ぶ**こととなります。さらには、投資候補先企業のステージがあまりにアーリー・ステージの場合は、DCF法で算出しても、元の業績計画があやふやなために意味がないということも多々あります。そのような場合には、株価算定は行わず、世間相場に照らし合わせて、双方の合意で株価を決める（バリュエーション）ことになります。実際はそのほうが多いかもしれません。

それから、財務的や法務的なことで懸念される事項については、「**表明保証**をきちんと取得する」という面でもデュー・ディリジェンスは必要と言えます。

なお、これらの法務、財務などの一連のデュー・ディリジェンスの費用も投資の簿価（取得原価）に入ります。

一方、ビジネス面のデュー・ディリジェンス、すなわち〝投資の目利き〟については、CVCの受託運営を行っているVC（＝GP）自体が行います。さすがにここまでアウトソースに頼ったら、二人組合を請け負っているVCは他に何をするのかという話になります。

事業シナジーやコラボレーションの検討については、出資元企業（LP）側も検討の一部を担っていくことになります。というのは、たとえば筆者はある東証一部上場企業からCVCファンドを受託運用しており、その出資元企業のことをかなり理解しているつもりですが、それでも様々な事情や事業内容の詳細、課題、今後の方針等についてすべてを知っているわけではありません。事業シナジーやコラボレーションについては、出資元企業のほうで検討していただくケースがかなりあります。

各企業それぞれ事情があるため、それぞれの事情に合わせて、CVC投資の活動を進めていくためには、**GPとLPの密な連携が非常に重要**となります。

◉投資審査の進め方、初回面談ヒアリング

最近よく受けるのが、「投資先候補企業との初回面談では、どういうことを聞けばいいのですか?」「どういうふうに審査するのですか?」という質問です。

「初回面談で何を聞くか」については、その企業のウェブサイトに載っている基本情報を

まずチェックすることから始め、そこからは得られない会社の外形的な情報を聞く必要があります。具体的には、設立年月、株主構成、役職員数、CEOや経営主要メンバーのバックグラウンドなどに関する事柄です。

それから、事業内容、サービスや製品の内容・特徴、特許の状況などについて、ヒアリングしていきます。

資金調達を考えているベンチャー企業の多くは、**あらかじめピッチブック（プレゼン資料）を用意していて、投資家が訪問してきた際にそれを大体20～30分でプレゼンしてくれるようになっています**。ただし、彼らは自分たちがアピールしたいことだけを話そうとするので、プレゼンを聞くだけでは投資判断する際に必要な情報が得られないこともあります。

たとえば、これまでの資金調達の状況、外部投資家が入っているのか、入っているとしたらいくらの株が何％入っているのか、**他のベンチャーキャピタルとどのくらいコンタクトしているのか**、どのくらいの資金を調達しようとしているのか、株式で調達しようとしているのか、コンバーティブル・ノートで調達しようとしているのか、どのような条件で調達しようとしているのかといった情報です。これらについては、こちらからしっかり聞いていったほうが効率のいい面談になるでしょう。

相手にも、事前にメールでこちらのファンドがどういう投資スタンスで、どのような投資対象を求めているのかについて伝えておくことも、プレゼンのときに、相手がその説明をしやすくなります。

それからCVCである以上、**LPの企業とのコラボレーションがどのようにできそうかを考えて、色々と質問していくことが必要になります**。

ヒアリングにおいては、あまり遠慮しすぎないことが大切です。とくに相手が外国企業であれば、遠慮せずに質問を投げかけることが必要です。

次に、相手からのプレゼンを何分間くらい聞くかについては、本格的な打ち合わせをする場合なら30分から60分あってもいいと思います。ただし、お互いマッチングするかどうか、フィットするかどうかがまだわからない状況であれば、10～15分程度に抑えておいてもよいでしょう。そのほうが、フィットしなかった場合、お互い無駄な時間を過ごさなくて済みます。10～15分程度ぐらいで話してもらって、その後は、フリーにディスカッションしたほうがベターではないかと筆者は思っています。

そういう意味では、1時間あれば10～15分ずつで、ほぼ4～5社と面談できることになります。海外のインキュベーターなどを訪問して複数企業と面談する場合は、そのくらいのテンポで面談することもよいでしょう。

それから、ベンチャー投資では判断を「相手の社長を見て8割決める」と言われるように、**相手の人物評価が重要**となります。

その人物をどう見極めるか。ここがとても難しいところになりますが、まずは、失礼にならないように配慮しつつも、**様々なことをフランクに聞いていきます**。筆者の場合、まずは、相手の生い立ちを聞きます。どこで生まれて、どう育って、どの学校、どの大学、どの大学院へ行って、何を勉強したか。どういう会社に就職して、どういう仕事をしてきたかについて聞きます。答えてくれた場合も、答えてくれなかった場合も、これで相手がどのくらいオープンマインドな人物なのかがわかるので、まずそういう質問で相手の人となりをつかんでいきます。

もちろんナンバー2をはじめ、経営チームのメンバーとも面談したほうがいいと思いますが、ここでもポイントとなるのは、**経営チームのバランスの良し悪しを判断する**とともに、そのCEOがどんなメンバーを集めているかに焦点を当てて、CEOがどういう人かを把握します。

◉財務分析はアーリー・ステージではあまり意味をなさない

最後に財務体質についてですが、**アーリー・ステージのベンチャー投資の場合、財務分析をすることにほとんど意味がない**こともあります。「現在、キャッシュ・ポジションがどのくらいあるか」「借り入れはどのくらいあるか」「バランスシートがどんな状況になっているのか」を見ることと、損益計算書については「月々いくらくらいの資金が出ていっている状態なのか」「支出はどのような状態か」を見て、大まかな財務状況を把握します。いわゆる、**バーン・レート（資本燃焼率。会社を経営していくために１カ月いくらの資金が必要になるかという指標）**などを見るわけです。

その一方、いつの時点で売上が立ち、損益分岐点を超えて黒字化するのか。つまり、エクイティで調達した資金をルージング・マネー（losing money）でお金を失っていって、どこからアーニング・マネー（earning money）でお金を稼ぐように転換するのか、そこは非常に重要なポイントになるので、そこがいつになるのかをよく見極める必要があると思っています。

図表22　投資審査・初回面談でのヒアリング項目

1	会社概要（設立年月、資本金、株主構成、売上・利益）
2	社長のプロフィール・バックグランド、経営チームの構成
3	事業内容（製品やサービスの内容、ビジネスモデル、顧客、営業ルート）
4	他社との差別化・優位性
5	事業計画（経営戦略、向こう5年間の売上・利益の見通し）
6	CVC投資としての事業シナジーや新規事業立ち上げへのつながり・接点

大企業は、通常の事業プロジェクトにおいて非常に詳細な財務分析を行うため、**外部のベンチャー企業に簡易的で粗削りな財務分析で投資すること**に対し、社内の稟議を通せないのではと不安になる担当者が多いと思いますが、「ベンチャー投資とはそういうものなのだ」と認識するしかなく、上席者にもそれをしっかり説明していくことが大切です。

◉初回面談で聞くべきヒアリング項目

投資候補先企業との面談では、どのようなことをヒアリングすればよいかをまとめると、図表22のようになります。

◉VC投資では企業ではなく人！

前述したとおり、**VC投資では、財務データ等ではなく、相手の経営者（社長）の「人」を見ることが最重要**となります。もちろん財務データや競合分析、マーケット状況、協業の可能性なども見ないといけませんが、やはり相手の社長を見ることがデュー・ディリジェンスにおいて最も大切です。

企業が伸びるかどうかは、結局のところ、経営者次第です。筆者の場合、誤解を恐れずに言えば、8割は〝**社長（CEO）の能力**〟で決めています。数字ばかり調べても、ベンチャー企業の場合、あまり意味がありません。今後5年間の損益や収支のシミュレーションの資料などを色々受け取りますが、そこをあまり叩きすぎても仕方がないと思っています。**その社長（CEO）が会社を伸ばせる人なのかどうかを見極めることが大切**です。

さらに、CVC投資の場合、投資後にコラボレーションをしていかないといけませんが、経営陣と相性が合わなかったり、考え方がまったく異なっていたりしたら進みません。信頼関係を築けることが大切です。「仲良く」という表現は少々イージーですが、一緒に力を合わせてやっていける人かどうかはやはりすごく重要です。相性が合うか、ケミカル（化学反応）の問題です。好き嫌いの問題はやはりあって、**自社の風土と合うかどうかはよく見たほうがいい**と思います。

たとえば、筆者が今運用しているCVCファンドについては、社風や今までの業態と合うかどうかを意識しています。ベンチャーキャピタリストとして対応している筆者との相性ももちろん重要ですが、それ以上に出資元企業（LP）との相性を投資審査においては注意しています。

さらには、「**社長がコーチャブルな人かどうか**」を見ていきます。コーチャブル（coach-able）とは、「コーチを受け入れられる人かどうか」という意味です。ベンチャーキャピタリストは投資後に投資先企業の社長にこちらの意向やアドバイスを聞いてもらって会社を成長させてもらう必要があります。そのとき、こちらのアドバイスにまったく耳を貸さない社長だと困ります。そういう意味で、「コーチャブルな社長かどうか」を面談で見極める必要があります。

◉NDA（守秘義務契約）の取り扱い（日・米・シンガポール）

面談やヒアリングする際のNDA（守秘義務契約）の取り扱いについて、日本とアメリカ、シンガポールではそれぞれ事情が異なるため、ここで少し情報提供しておきます。日本では、面談やヒアリングで情報を提供しはじめるときなど、すぐNDAを交わしましょうと言います。

他方、**カリフォルニアでは最近、NDAをほとんど締結しません**。米国は訴訟社会ということもあり、「NDAを交わすのが当たり前」と思われがちですが、VCは、他の案件の検討のときなどに、すでに取り交わしたNDAに抵触してしまうリスクがあるので、逆にNDAを交わさないのが通例です。ベンチャー企業がVCに求めてくることもありません。

シンガポールやオーストラリアは、日本と同様、投資の話し合いをしようということになれば、情報開示前に最初にNDAを締結してから詳しい話し合いをするケースが多いです。

◉意思決定の速さが大切

ベンチャー投資においては、意思決定の速さが大切であることはすでにお話ししたとおりです。「3カ月以内、いや3週間以内」、このくらいの時間感覚を持ちましょう。とにかく速いことが大切です。とはいえ、**おおよそ、3カ月〜6カ月くらいで、デュー・ディリジェンスを行う**のが、理想的でしょう。

投資の意思決定においては、担当者が一定の裁量を与えられて自分で決められることが大切です。日本企業の難しい面は、現場の人に決裁権が与えられず、社内調整や稟議に長い時間がかかったり、また、海外案件でも、議案を日本に持ち帰って決めたりするので、時間がかかることです。しかし、それでは少なくともカリフォルニアでのベンチャー投資はできません。日本国内でも難しい時代になりつつあるのではないかと思います。

ベンチャー企業への投資は、情報が限定的かつ少ない中で思い切って行うしかありません。大企業の担当者は「調べます」とよく口にされます。もちろん調べることは重要ですが、判断して実行することのほうがより重要です。

◉意思決定と投資委員会の形成

意思決定の仕方にはいくつかあります。専制君主制で誰かがバシッと決める方法もあれば、寡頭制（パートナーシップ）もあり、みんなで話し合って決める多数決や満場一致もあります。**一般的には多数決が多い**ですが、VCの経営学上の研究では、「専制君主制のほうがよいパフォーマンスを出している」という研究結果が出ています。最近、日本の大手VCでも、この方法を採用する会社が出はじめています。多数決で「みんなが良い」と思う案件よりも、特定の誰かが「これは絶対良い」と言って投資したほうがパフォーマンスが高いというわけです。

また、**拒否権（リフューザル・ライト）**を誰かに与えることもあります。CVCファンドの中には、キーマン（主要投資担当者）が拒否権を持っていて、その人が「ノー」と言った案件には絶対投資できないと規定されているケースがあります。この拒否権はLP側が持っている場合もあります。GPが投資しようとしても、「それはやめてくれ」と拒否権を発動できるようにしているわけです。

逆に、GP側が多数決で少数となっているケースでは、GP側が拒否権を持つこともあります。

投資委員会は4～5人ぐらいで形成するのが理想です。関係する部署のメンバーが全員入り、人数が多くなりすぎると、合議制によって「皆で決める」ということになってしまうからです。二人組合の場合は、GP側とLP側の両方から出たほうがいいと思います。GP側からだけでも形成することができますが、かなりお任せの形になりますので、**両方からメンバーを出して月一回ペースぐらいで投資委員会を開催したほうがコミュニケーションがとれてよい**と思います。

多数決で決める場合、LP側の投資委員会メンバーの人数が多くなれば、本来ファンドの意思決定をするGPでなく、LPが意思決定していくことになります。筆者の運用するCVCファンドの場合もそうなっていますが、それはそれでいいと言えます。ただ先ほども述べましたが、VCの仕事は特殊であるため、大筋の投資判断などはVCであるGPに委任する形が本来の姿です。実際の運営の中でそのように調整していけば、投資委員会でのGP側、LP側の議決権数にはあまりこだわる必要はないでしょう。

◉投資委員会決定書の雛形

読者のみなさんの中には、投資委員会でどのようなことを決めるのか、そして、その文書の雛形はどのようなものになるのか、知りたいという方もいらっしゃると思います。ここで、筆者が普段使っている雛形をご紹介します（図表23）。

投資委員会決定書の内容やフォーマットは、各社ごとに異なるので、あくまでひとつの参考例として捉えていただけたらと思います。

◉ＶＣ投資で〝最悪な〟事態

ＶＣ投資で最悪な事態は何かというと、リスクばかりが気になって肝心の投資ができなくなってしまうことです。

投資がすべてうまくいくわけではないことを覚悟して、思い切って投資することが重要です。失敗を恐れていたらＶＣ投資はできません。自分のフィーリングを信じることが大

投資実行の理由	5つくらいのポイントを書く。 ① ② ③ ④ ⑤
想定されるリスク	思いつく限り、できるだけ多く、将来もわかるように、詳細に記載する(20項目くらいとなってもよい)。 ① ② ③ ④ ⑤ ⑥ ⑦ ⑧ ⑨ ⑩
利益相反に関する特記事項	該当事項があれば書く。
株価算定書及び法務デュー・ディリジェンス報告書	・株価算定に関する内容や株価の決まり方・経緯などを書く。 ・法務デュー・ディリジェンスにおいて、指摘された事項等があれば、それらやその対処について書く。
投資実行の停止条件	投資決定から実行までの間に、不確定なことがあれば、書く。
その他の付記事項	「当ファンドとして、必要と考えられるデュー・ディリジェンスは実施済みであり、また、当方から要望した書類・回答等については、すべて受領済みとなっている。当投資委員会決議をもって、業務執行組合員が投資実行にあたっての善管注意義務及び受託者責任を忠実に果たしたことを合わせて確認するとともに、当該投資は、業務執行組合員並びに非業務執行組合員の双方の共通認識及び合意によって実施したことを双方了承するものとする。」といった内容などを書く。

図表23　投資委員会決定書の雛形

＊＊＊＊＊＊＊投資事業組合

投資委員会決定書

作成日：****年**月**日

委員長	委員	委員	委員
＊＊	＊＊	＊＊	＊＊

＊＊＊＊＊社への50百万円の優先株式による投資の件

掲題の件につき、****年**月**日**：00～**：00、＊＊＊＊株式会社（東京都＊＊＊＊＊ビル*階）において開催された投資委員会において、下記の通り決議したことを確認する。

記

投資先事業者名	**＊＊＊＊＊社**
投資先事業者の概要	会社の事業内容や立地、知り合った経緯、社長の経歴などの概要を書く。
投資形態	優先株式（第三者割当増資の引受）など投資の形態を書く。
投資金額	50百万円（例） プレ・バリュエーション　*.*億円 ※本投資を実施した後の当ファンドの持ち株シェアは*.*%となる。
投資時期	****年**月**日付で決議後、投資実行（第三者割当増資の引受）の手続きを整え次第、****年**月中に投資実行予定。

切です。「この会社、よさそうだな、うまくいきそうだな」という**自分の嗅覚やフィーリングを信じることは、とても重要**だと思います。かなりの場合、それが当たっていることが多いものです。

筆者の場合、「ほとんどの投資先を初回面談でほぼ決めている」と言ってもよいかもしれません。もちろんデュー・ディリジェンスを数カ月ぐらい行いますが、投資判断は変わらないことが多いです。

これは先日シンガポールで聞いた話です。ある日本の大手金融機関が設定したファンドがかなりの額の資金を用意して何年も前から現地で運営されているのですが、実際にはこれまでただの1件も投資していないということです。「この案件は、こういうリスクがあるのではないか」とリスクを指摘ばかりして、投資しないようなのです。

VCには情報生産機能があって、投資候補先の情報を獲得していきますが、それでも、未上場会社は上場企業のように情報がすべて開示されません。「**得られた情報の中で投資するしかないのがベンチャーキャピタル投資である**」ということを理解することが大切です。

◉関係先へのヒアリングの実施

投資候補先企業に関して、いくら資料を見たり、考えたりしても、投資すべきかどうかよくわからないケースがあります。

そのようなとき、筆者はその**投資先候補企業の関係先を紹介してもらってヒアリングに行く**ことにしています。最低2件、多くて5件ぐらい行うときもあります。平均3件くらい実施しているかと思います。

目的はレファレンスを取るとともに、その投資候補先企業の技術やサービスの良さ、取引先であれば「なぜ取引しているのか」などをヒアリングすることです。そうすることで、そのベンチャー企業の技術力や社長の人柄などがかなりわかるものです。

ベンチャー企業社長へのヒアリングやネット検索だけでは「この会社、よくわからないな」と思ったら、そのベンチャー企業の取引先など、その会社や社長のことをよく知っている会社にヒアリングに行くことをおすすめします。

ヒアリング先については、投資候補先の社長に紹介してもらうのがよいでしょう。

◉CVCの難しさ、それは・・・

通常のVC投資の場合、将来のIPOなどフィナンシャルの観点で伸びる案件ならば、速やかに投資判断することができます。しかし、CVC投資の場合、事業シナジーの創出や新規事業のシーズの獲得など、**何らかの形で出資元企業とのコラボレーションの可能性を見出せなければ投資の判断ができないことになります**。そこの見極めや調整がCVCの投資担当者としては難しいところのひとつだと思います。

そうかといって、**フィナンシャル・リターンの観点からはまったく良くない会社に「コラボレーションできそうだ」という理由だけで投資することもできません**。また、将来性が有望でも、自社の本業や新規事業立ち上げとまったく関係ない企業に投資することもできません。このように二重のフィルターをかけての投資になる点がCVCの難しさだと言えます。

投資方針を決める際に、「ストラテジックなリターンだけを求め、フィナンシャルなリターンは一切求めない」と明確に定めることができれば、そして、それを社内的にオフィシャルに決めておければ、このジレンマは多少解消されるでしょう。

Point

ベンチャー企業は業歴が浅いため、投資は過去の数字やデュー・ディリジェンスの結果だけではなく、最終的に経営者の〝人となり〟を重視することが大切。同時に、投資後のコラボレーションにおける相性や可能性もしっかり考える必要がある。

第5章

投資後のフォローアップと協業の推進

1 投資先企業のフォローアップと投資のエグジット

◉投資を新規事業につなげるための協業

CVCは投資しただけでは意味がありません。 CVCは普通のVCとは違って、フィナンシャルなリターンを目指しているわけではなく、なんらかの新規事業のシーズを取れる、あるいは事業シナジーを取れることが大切であり、投資したお金がお金で返ってきても仕方がないからです。**何らかの新規事業となって成果が返ってくることが求められます。**

投資先企業との協業（コラボレーション）の推進は、GPとLPが連携して推進していくことが効果的です。

投資しっぱなしでは、投資先も伸びないですし、新規事業にもつながらないことになってしまいます。CVC投資による新規事業立ち上げにおいては、投資から協業を推進していく努力が必要となります。

◉投資先企業をいかに伸ばすか

投資先企業の投資後のフォローアップについて、投資した企業を伸ばすために積極的に経営に関与するかしないかで、「**ハンズ・オン（Hands-on）**」と「**ハンズ・オフ（Hands-off）**」という2つのスタンスがあります。

投資しても何も手を出さないというVCもあります。銀行系VC、あるいは生保や損保の本体勘定での投資においてはそういうケースもあります。何らかのリレーションのために株を保有し続けるけれども、経営に口を出したり何らかのサポートをしたりすることは一切しないという方針のパターンです。

しかし、筆者は投資した企業は放っておいても伸びないと思います。定例のミーティングをしっかりするとともに、**提携先や営業先の紹介をしたり、追加投資のアレンジメントをしたりしていかないと伸びない**わけです。その意味では、できれば、投資先企業の社外取締役になったり、ボード（取締役会）のオブザーバーになったりすることも必要だと言えます。

CVC投資として、ベンチャー企業に投資して、新規事業立ち上げにつなげようとしているわけですから、当然、投資先企業に積極的に関わって成長させることが必須です。

◉ボード・メンバーになるかどうか

投資した後、ボード・メンバーになるかどうかについて、日米で考え方が異なります。

米国では経営の重要事項はどちらかと言えばボードで決まるのに対し、日本では株主総会で決まります。したがって、**米国企業に投資した場合は、ボード・メンバーになるかどうかをよく考えないといけません**。

ボード・メンバーになったほうが影響力を及ぼすことができるため、当然入るべきとの意見もあります。しかし、その一方で**訴訟リスクを負う**ことになります。

筆者は、カリフォルニアの会社のボードの**オブザーバー**（アドバイザーになると、より経営に影響を及ぼすということで、訴訟リスクが高くなります）に2社なっているほか、シンガポールでも1社社外取締役になっています。米国は訴訟社会なので、何かで訴えられたりするリスクが高く、万が一のときには弁護士費用だけでも大変なことになります。したがって、筆者は米国については、ボード・メンバーになるのではなく、ボードのオブザーバーになることにし、しかも保険に入っています。株主代表訴訟などで訴えられた場合に全額カバーされる保険に入った上でボードのオブザーバーに就任し、ボード・メンバーと同じように情報がもらえることにしています。シンガポールについては、米国ほど訴訟リスクが高くないため、保険に入ることはしていません。

海外投資を行う場合はこのような点も考える必要があります。

◉フォローアップ業務における投資先企業からの情報開示

投資後のフォローアップ業務として、**投資先には会社の重要事項については、合意したタイミング（月次、四半期など）で情報開示及び報告**をしてもらいます。売上・利益の状況、開発の状況、株主の変更や増資の計画、資金調達の状況などは投資契約書で規定するため、マイナーシェアだとしても株主の権利として情報開示してもらい、それをもとにフォローアップしていくことになります。

モニタリングをせずにほったらかしにしたら、投資先企業は伸びません。しっかりモニタリングをしましょう。

そのため、可能な限り、月一回くらいで定例ミーティングを行います。月一回はさすがにできないというのであれば、四半期開催で**定例ミーティングを実施**していただきたいと思います。

なお、**ファンドは、6月に中間決算、12月に本決算となることが多いですが、そのタイミングで正式に情報をディスクロージャーしてもらうことになります**。気の利いた投資先企業は、月次でアップデートされた情報を投資家向けに送ってきてくれるので、それでフォローアップもできます。

いずれにせよ、投資の段階で投資契約書に「何を、いつ、ディスクロージャーしてもらうのか」をしっかり織り込んでおき、それに基づいてディスクロージャーをきちんとしてもらいながら、投資先企業をサポートしていくことになります。

◉CVCの出口（エグジット）戦略

CVCの出口戦略については、**ファンドから投資してから「しばらく吟味する」という感覚を持つ**といいでしょう。

M&Aであれば、買収したらすぐに結果に結びつく必要がありますが、CVC投資はすぐにはそうなりません。

CVC投資はM&Aと違って、あまり明確な投資ストーリーや出口戦略がわかった上で投資できるわけではありません。ここが大きな特徴のひとつです。

しばらく吟味していて、新規事業やコラボレーションという意味でうまくいかなかったとしても、結果的にその会社が伸びてキャピタル・ゲインを取れる形になることもあります。

CVC投資のエグジットは、投資してから、フォローアップをして、コラボレーションの可能性を探って、様々に積極的に関与して、その上で、次に述べるような選択肢から、状況を見ながら決めていくことになります。

①ファンドから本体に株式を移して、さらに長期保有していく
②すべて買い取って内部化する
③M&Aで第三者に売却する（キャピタル・ゲインを獲得）
④経営者や第三者に安値で売却して損切りする

◉CVC投資のエグジットをどう考えるか
～自社内への取り込み～

投資のエグジットについて、普通のベンチャー投資の場合、IPOか第三者への高値の売却しか成功とは言えませんが、**CVC投資の場合、自社とのコラボレーションが進んでいる会社は本体で100%取得して子会社化してしまうことを目指します**。それが、CVC投資のメインの投資のエグジットとなります。

100%子会社化できなくても、ファンドの持ち分はファンド期限が来た時点で事業会社本体に移すというわけです。これを**「内部化」（インターナリゼーション）**と言います。

つまり、投資後に順調に成長していけば、本体に完全に組み入れるかどうかは別として、

関連会社あるいは事業部としてグ**ループ内に入れてしまう**ということです。

あるいは、内部化するほどのコラボレーションが進んでおらず、CVCファンドの期限が来た場合には、これまでどおりの関係性を保つために、ファンドで保有している持ち株を本体に移し、さらにコラボレーションを進められるかを検討・推進していく可能性もあります。

コラボレーションが進まなかったものの、企業価値が高まっている案件は、売り先を探索して、**M&Aで外部に売却**してキャピタル・ゲインを取ることを目指します。

また、コラボレーションが進まず、また成長もしなかった案件の場合は、経営者に低額で買い取ってもらうなどして、処分することになります。リビング・デッド（生きた屍）というパターンです。

一方、**独立した状態の企業として育てて大きくしていくというパターンもあります**。投資先の経営者の意欲が非常に高い場合、内部化するというのは、なかなか条件を飲んでくれないケースもあるためです。少し距離を置いて、アライアンス関係を継続します。

投資する時点から、内部化（グループ・インしてもらう形）を相手先に話して、合意してもらうのは難しいですし、投資の持ち株シェアから言っても、無理な面があります。

なお、投資しているのが米国などの海外の会社であれば、日本法人を作って日本法人で日本での事業展開をしている部分について買い取らせてもらえるケースもあるかもしれません。

◉CVC投資のエグジットは見えにくい

このように**CVC投資は明確な出口戦略を見据えにくい部分があります**。普通のVC投資であれば、IPOを第一義的に目指した形で資本政策を立てて投資のフォローアップをしていくわけですが、CVCの場合はそういうことがしにくいです。ですから、ある程度、**曖昧な投資ストーリーになりつつも、臨機応変に出口戦略を考えていく必要がある**ということになります。

ある程度、曖昧な投資ストーリーで投資することになるので、出口（エグジット）についても、投資時点では曖昧なものとなり、投資後に調整していかなければならない形になるのは仕方のないことと言えます。

その他の問題としては、いわゆる「**リビング・デッド（生きた屍）**」のことがあります。

経営破綻したわけではないが新規事業になる状況でもないので内部化するほどでなく、IPOやM&Aでの投資回収ができない案件のことです。このような場合、言葉は悪いですが、二束三文で株を投資先企業の社長に買い戻してもらって、手間をかけずに処理してしまうことになります。

繰り返しになりますが、CVC投資の場合、投資時に明確な協業のストーリーが描けていなかったり、描けていてもそのとおりには進まなかったりするので、ケース・バイ・ケースで適宜対応していくしかないと捉えることが必要となります。

◉投資先企業の社長との信頼関係の構築

投資先企業の社長との信頼関係をしっかり構築しておくことも大変重要です。日本人同士ならもちろん、相手が外国人でも同じです。

会社経営や共同での事業構築などを始めていったら、事業がうまくいかなかったり、利害関係が合わずに、衝突したりトラブルが発生したりして倒産しそうになることがいくらでも起こります。

そのようなとき、投資先企業の社長との間に、ベースの部分で「一緒に頑張るぞ」という信頼関係があれば、思い切った対応もでき、問題解決ができることにつながります。投資する前も投資した後も、時には会食したりゴルフを一緒にしたりすることなども、効果があると思います。

このように関係を構築しておくことで、ディスクロージャーをごまかされるリスクなども防ぐことができます。

Point

CVC投資はお金を投資するだけでなく、投資後の協業（コラボレーション）を推進するために、積極的に投資先の経営に関与し、支援することが必要である。また、投資後の出口（エグジット）戦略は臨機応変に考える必要がある。

2 投資先企業とのコラボレーションの推進

◉投資後のコラボレーションをいかに進めるか？

再度の説明となりますが、ＣＶＣ投資は、純粋にキャピタル・ゲインの獲得のみを目指して投資を行う通常のＶＣと異なり、究極の目的は「新規事業立ち上げを成功させること」、あるいは「事業シナジーを生み出すこと」になります。

そのためには、「投資をしてお終い」ではなく、**ベンチャー企業に投資した後、しっかり、コラボレーションを推進していくことが必要**となります。

ベンチャー投資においては、投資しただけでは投資先企業は伸びていきません。定期的に面談を必ず行い、事業構築、財務、販路開拓などにおいて支援・協力していくことが必要です。

特にＣＶＣ投資の場合、自社の新規事業立ち上げにつながるように、**コラボレーションを推進**していくことが求められます。

◉投資先ベンチャーとの協業の困難さ

投資先企業とのコラボレーションは重要ですが、そこには**多くの困難があります**。

まず、ＣＶＣ投資は、「この企業であれば、新規事業立ち上げの何らかのプラスになってくれるだろう」とか「既存事業の拡大のために何か役立ってくれるだろう」という「緩やかな投資ストーリー」で投資するため、**投資後に必ずしも目論見どおりにコラボレーションの接点が見つけられないことが発生する可能性があります**。

投資時点で明確なコラボレーションの接点が見つけられている場合においても、どちらかの何らかの事情や組織体質の違い（大企業とベンチャー企業の体質の違いは、多くの場合において存在します）、マンパワーや意欲の不足などによって、コラボレーションが進まないことがあります。

また、前述の組織体質にも関係しますが、どうしても大企業側が投資先ベンチャー企業を**「下請け企業」扱いしてしまい、うまくいかないケースもあります**。

大企業側は、自分たちのこれまでの枠組みの中で、投資先ベンチャーを扱おうとしてしまいがちです。そうすると、第1章で解説したように、せっかくＣＶＣ投資でオープン・イノベーションを推進、すなわち「知の探索（Exploration）」をしようとしているのに、結局は自分たちのもともといる場所での「知の深化（Exploitation）」をしてしまうことになります。これではＣＶＣ投資の意味がなくなってしまいます。そして、投資先ベンチャーのほうもやる気を失いかねません。

やはり、投資先ベンチャーに対しては、コラボレーションしつつ、**「できるだけ自由にやってもらう」というスタンスを持つことが大切です**。それによって新しいアイディアをどんどん出してもらって、それを吸収したり受け入れたりして、新規事業立ち上げのきっかけにすることが大切です。

さらには、持ち株シェアから来る関係性の薄さが、投資先ベンチャーとのコラボレーションにおいて影響することがあり得ます。

通常のＶＣ投資において、過半数のシェアをＶＣ1社が取ることはほとんどありませんが、ＣＶＣ投資においては、持ち株シェアが数～20％くらい低いことがメインとなります。持ち株シェアが20％を超えると、ファンドを通じた保有であっても持分法の連結の関連会社として開示対象となるため、避けられる傾向があるためです。

アーリー・ステージから投資していれば、持ち株シェアが低くとも、「早い段階から投資してくれた」との感謝の気持ちを投資先ベンチャー企業が持ってくれることも多く、また信頼関係も築けていることも多いため、心配する必要はないとも言えます。

ただ、持ち株シェアが低いと発言権は当然弱くなるわけで、積極的にコラボレーションしていこうというスタンスを強く持たないと、投資はしたものの、何もコラボレーションが進まず、放置されてしまう危険性があります。

◉協業が必ずしも進むわけではない　～事業部を巻き込む～

本書では、ベンチャー企業に投資することによって投資先ベンチャーとの協業を進めていくためのＣＶＣ運営について解説していますが、ベンチャー企業に投資したからといって、すぐに投資先企業との協業・連携が進んでいくわけではありません。

外部ＶＣの担当者とともに、新規事業部門の人が様々なやり取りをして、**最終的には事業部との協業に持っていかなければならないことが多い**です。

まったく新しい事業を作っていくような連携の場合、新規事業部や経営企画部がそのまま担当していくことになりますが、既存事業とのシナジーを生み出すような協業の場合、**既存の事業部をいかに巻き込んでいくか**がポイントとなります。

その際、**事業部を管轄する役員の理解を得て味方になってもらうことが、何より大切**となります。企業によっては、組織構造を飛び越えて上層部と直接やり取りすることがなかなか難しいケースもあると思いますが、そういった場合は、ＣＶＣを統括している役員から事業部の役員に話をしてもらうことが良い策と言えるでしょう。

◉投資先ベンチャーとの協業の事例

ＣＶＣ投資における投資側の大手企業と投資先ベンチャー企業のコラボレーションの成功事例や失敗事例は、本や論文、ネットなどにはあまり載っていません。これは守秘義務があるためです。

筆者も同様に守秘義務があるため、本書で詳しい事例紹介はできませんが、簡単にイメージとして、数件紹介したいと思います。

成功事例としては、次の3パターンが参考になると思います。

1件目としては、**米国の最先端AIを研究しているベンチャー企業**にシード段階で投資し、CVC運営企業の自社製品にそのAI技術を付加する共同開発を開始（AIの分野としては、もともとCVC運営会社の事業内容とは異なる領域を手がけていた会社に投資することで、自社の領域の研究開発に方向転換してもらい、優先的に開発を実施）したケースです。その後、日本法人も設立し、日本法人にもファンドから投資するとともに、実証研究のための委託開発費を複数回提供して、共同開発をさらに加速しました。自社製品に、AIの機能を付加して販売することを計画しています。

2件目としては、**米国のBtoBのマッチング・サイト**（米国のユーザーと中国などの途上国の工場をつなぐもの）のスタートアップ会社にアーリー・ステージで投資し、そのビジネスモデルを日本で事業展開することを計画しました。JV（ジョイント・ベンチャー　合弁会社）の設立も含め、日本での需要（ニーズ）や法制度の調査を実施し、さらなるコラボレーションを検討しています。このケースのように、海外企業に投資して日本での独占事業展開権を得るのは有望な方策と言えます。

３件目としては、**米国のビジョン・コンピューティングのベンチャー企業**にアーリー・ステージから投資し、同社が開発の推進及び追加の大型資金調達で成長しました。しかし、同社とCVC運営企業は、新規事業立ち上げや既存事業の拡大の面でのコラボレーションの接点を見つけられない状況となったため、大型の増資を行った段階で、他社からセカンダリーでの売買の要望が来ているときに、第三者に株式を売却することで投資回収を行うことを予定しています。このケースのように、新規事業の立ち上げにつなげられなくとも、「キャピタル・ゲインの獲得」という形で成功裏に収束させることもあります。

逆に、失敗の事例を1件、紹介しておきます。

日本の大企業からスピンオフしたベンチャー企業のケースですが、出身大企業のCVCとともに投資したものの、社長が30年間大企業の中でエンジニアとしてやってきた方であるため、営業力や組織化力がなく、なかなか成長しないというケースでした。こういった場合は、投資先企業に社長に足りない部分を補ってくれる人材を送り込んだほうがうまくいきやすいと言えます。

◉投資先企業同士の連携

筆者の場合、当初は出資元企業（ＬＰ）と投資先企業の組み合わせで新規事業を作らなければいけないと考えていましたが、「**投資している会社同士を組ませたほうがうまくいくこともある**」と思いはじめました。それはＬＰと投資先企業の組み合わせだけ考えていたのでは、新規事業が非常に限定的になってしまうからです。

具体的には、投資先企業同士をうまく組み合わせて、ある程度のボリュームの売上を作ることを考えます。２～３社を組み合わせて、結果として一番大きくなった会社をメインに残して残り２社を買収したり、その２～３社をまとめて本体で買収したりするなどの方法が考えられます。

大手企業の場合、アーリー・ステージのベンチャー企業に投資して、そこから生み出される新しい売上を取り込んでいったとしても、大型のＭ＆Ａなどと異なり、既存の売上に対して、十分なプラスのインパクトがない場合があります。

また、既存事業とは異なる事業ドメインにＣＶＣ投資を足がかりとして出ていこうとする場合も、自社との直接的な接点だけでは見つけられない場合があります。そういう際にも、**投資先と投資先を連携させられないかを考えたり、投資先との連携の観点から案件発掘をしてみたりすることは有効**でしょう。

◉POCだけで終わらせない

研究開発型のベンチャー企業に投資した場合、投資するとともに、大手企業側が求めているものを何らかの形で開発してもらうための研究開発、すなわち**POC（Proof of Concept）**を依頼して行うことがあります。

POCとは「**概念実証**」という意味です。新しい概念や理論、原理、アイディアの実証を目的とした、試作開発の前段階における検証やデモンストレーションを指します。いわゆる「実証実験」のことです。IoTやAIなど、「新しい概念」に基づいたサービス提供においては、付加価値やサービス、ソリューションの仕様を検証・実証する際に、重要なプロセスとなります。

CVC投資をした場合でも、投資先企業にPOCを行ってもらうことがあるわけですが、その際も下請け扱いをせず、「本来社内でしなければならないことを投資先企業に代わりにしてもらっている」という意識を持つことが大切です。

また、既存の事業部や新規事業部門も、協力的に意欲を持って新規事業につなげるべく推進することが重要です。そうしないと、**せっかく投資して投資先企業とＰＯＣの取り組みにお金をかけて行っても、実際の売上が立つものにつながらず、ＰＯＣだけに終わってしまう**ことになりかねません。

◉投資先ベンチャーからのアイディア出しの促進

ベンチャー企業にＣＶＣ投資するのは、コラボレーション（協業）していくためであり、とりわけ自社内では生み出せない技術やサービス、アイディアを、ベンチャー企業から獲得していくためです。このことは本書では何度も述べてきました。

しかし、どうしても投資先ベンチャーを下請け企業のように扱ってしまう大手企業があることも事実です。

自分たちの枠組みの中で、「こういうことを、こういうふうに、いくらでやってくれ」

と発注するような形だと、結局、自分たちの発想や仕事の進め方から脱却できず、外部への「知の探索」が進まないことになってしまいます。

やはり、若くて新しいベンチャー企業に投資した場合は、**「売れそうなものを提案しほしい」「共同事業やおもしろいものをどんどん提案してほしい」というスタンスで接していくことが大切**です。

いかに投資先ベンチャーから新しいアイディアなどを引き出していくかも、投資後の重要な仕事と心得ましょう。

◉投資先企業とのコラボレーションが鍵

このように様々な課題があり、問題発生の可能性がありますが、やはり、ＣＶＣ投資の場合、その設立の趣旨に立ち返って考え、「新規事業立ち上げにつながる投資先企業はどのような企業か」を真剣に検討し、**投資方針を適時適切に変化させていきながら、投資したら投資しっぱなしにせずに、投資先企業とのコラボレーションを力強く推進する**ことが重要です。

それができなければ、ＣＶＣファンドの設立やＣＶＣ投資の意味はなくなってしまいます。苦労しながらも、投資先ベンチャー企業とのコラボレーションを探って推進していくのが、ＣＶＣ投資の成功へのキーとなると言えます。

Point

CVC投資で投資後の協業の推進は決して簡単ではない。大企業の場合、投資先のベンチャー企業を下請け扱いせず、投資先にアイディアをどんどん出してもらうとともに、社内の事業部と協調していく体制を作るようにしたい。

3　CVCの活動の成果評価、組織上の阻害要因

◉日本のCVCはうまくいっているのか？

ここまでCVCをどのように設立して、どのように投資活動を行っていくべきかについて具体的に説明してきました。ここでは「日本企業のCVCがうまくいっているのか」について見ていきます。

大手コンサルティング企業PwCアドバイザリー合同会社が2017年10月に国内のCVCファンドに関与する実務担当者や責任者57人を対象に実施したオンライン調査があります。これはインターネット上で閲覧することができます。

同調査によると、「自社のCVCファンドの運用は順調だと思うか」という質問に対し、

「あまり順調ではない」(26%)、「まったく順調ではない」(4%)という回答が寄せられました。

さらに**CVCの運用期間が長くなればなるほど「順調ではない」との回答が増え、運用期間が3年以上の回答者(11人)になると、約半数弱の45%が「順調ではない」と回答し**ています。

その他の質問に対する回答を見ると、「CVC運用で感じている課題」という問いに対して、多い順に「適正な投資条件で出資できているか自信がない」(37%)、「なかなか良い投資先を見つけることができない」(28%)、「投資担当者の熱意に押し切られ、ほぼ全案件が投資委員会を通過してしまう」(26%)という結果になりました。

さらに運用期間が3年以上の担当者の27%が「事業シナジーを思ったほど実現できていない」と回答しています。

この調査は、回答企業の57%が売上1000億円未満の中堅企業が占めています。すべてのCVCがうまくいっているわけではなく、約半数近くが思うように運営されていないと答えていることを示しています。

実は、『ハーバード・ビジネスレビュー』などに掲載されている論文などを見ていても、

ＣＶＣ以外のオープン・イノベーションであるアライアンスやジョイントベンチャーについては、さらに高い比率の55％とか60％の企業が「うまくいっていない」という調査結果があります。

ＣＶＣについても同じような側面があり、最初のほうは「あまり順調ではない」という回答が26％、「まったく順調ではない」という回答が４％であるにもかかわらず、３年以上経つと45％の企業が「あまり順調ではない」になってしまうということが読み取れます。

この背景には、ＣＶＣを始めて３年以上経つと、前述したような様々な課題が次々に顕在化し、担当者の悩みが深まっていることが考えられます。

ただし、約半数が３年以上経つと「順調ではない」と回答しているものの、**逆に見れば、約半数が「順調にいっている」ということになり、それほど悲観する数字ではない**と言えます。

◉ＣＶＣ活動の成果評価

最後にＣＶＣの活動の成果評価と組織上の阻害要因について少し説明します。

ＣＶＣの活動は、ダイレクトに売上や利益が出たか、あるいは伸びたかだけを基準にして、既存事業と同じように評価することはできません。**投資に伴う短期的な資金支出と、投資から得られる中長期的な恩恵をダイレクトに比較しない**ことも大切です。

これはＣＶＣ投資だけでなく、新規事業立ち上げの取り組み自体にも言えることです。現時点で売上がどれだけ出たか、利益はどうだったかだけを求められると、新規事業担当者は社内で厳しい立場に置かれてしまいます。

日本の大手企業の多くはいまだに減点主義であり、優秀な人がたくさんいる中でどのように出世していくかというと、リスクをとって失敗した人よりもリスクをとらずに失敗しなかった人のほうが出世していく傾向にあることは事実かもしれません。そういう環境の中では、新規事業を担当してリスクのあるものを取り扱った人が人事評価面で損をすることになってしまいます。

新規事業の立ち上げは失敗することもあるのが当たり前で、新規事業に取り組んでいる人に対して、「売上や利益が対前年比でどれだけ伸びているか」などという**従前の評価体系で業績評価や給与評価をするのは必ずしも適切ではありません。その意味では、短期的にはプロセス評価を用いることが適切**でしょう。

プロセス評価とは、フェーズごとに、担当者がその期間にどのようなことを行ったのかを評価することです。ＣＶＣ投資であれば、「何件くらい投資案件を発掘したか」「何件くらい投資審査したか」「何件くらい本格的に投資交渉を行ったか」「何件に投資を実行したか」「その結果、投資先企業とのコラボレーションはどうなったか」「投資後のフォローアップをどのように行ったか」など、ベンチャー企業に投資して新規事業を成功に導くためのプロセスをどのように進めていったかについて、定量評価だけではなく、定性評価をすることが大切です。

プロセス評価の場合でも、どうしても短期的な評価になることは否めませんが、ＣＶＣ投資や新規事業部門の業績評価においては、**短期的にもプロセス評価をしっかり行って、売上や利益で見ないことが大切**です。

ただし、**中長期的、特に長期的には、やはり「ビジネスとして結果的にどうだったのか」という結果主義で見ざるを得ない面は否めません**。中期的もしくは長期的には結果主義で見て、「自社のＣＶＣ投資や新規事業の取り組みがこのままでいいのか」「正しかったのか、うまくいっているのか」「会社全体あるいはグループ全体にどのように貢献したか」、さらに「今後どのようにしていけばいいのか」についてレビューしていくことが必要ではないかと思います。

◉日本企業におけるCVCの組織上の阻害要因

最後に、CVC投資における組織上の阻害要因をいくつか挙げてみると、次のようなものがあると考えられます。

- 経営トップから言われただけで、やらされ感でやっている
- 担当者以外の周りの人からの理解がない
- 先輩や先駆者が社内におらず、やり方を教えてくれる人がいない
- 失敗したときに自分だけが責められそうな雰囲気がある
- CVCの成果を正しく評価する制度や仕組みがない
- 現場の声を、上席者や経営トップが受け入れない、理解しない状況がある
- 投資しただけで、投資先とのコラボレーションを進めていない

こういった組織的な課題があると、CVC投資はなかなかうまく進みません。みなさんの会社ではいかがでしょうか。

これらの組織上の問題解決のためには、まず**「なんのために、CVCの活動をしているのか」というビジョンを皆で共有することが必要**です。CVC投資の自社にとっての〝目的〟を共有できていると、力を合わせることができます。

次に、経営トップに近いポジションのエグゼクティブで、「CVCのことをよく理解し、リードしてくれる人がいるかどうか」がポイントとなります。**経営層のどなたかが責任を持って、CVCの活動を温かく見守りながらも、リードしていくことが必須**です。もちろん、経営者（社長）自身も、CVCをやる以上、CVC投資のことをよく理解し、**中長期的な経営戦略のひとつのツール**として、そのような時間スパンで見守ることが必要です。

さらには、CVC運営のノウハウの不足については、二人組合で運営するのであれば、GPとなるVCから、そうでない場合はコンサルティング会社などからサポートを受けていくことで解決できると思います。「ノウハウをお金で買う」という発想で、コンサルティング会社の利用も積極的に検討してみましょう。

◉大企業の組織構造は効率的であるがゆえに新しいことが生み出されにくい

大手企業の組織は、既存事業が最適に運営されるように設計されています。つまり、無駄を省き、「イノベーションを生み出す」よりも、「現業を最優先」した人材配置や意思決定構造となっています。第1章で述べた「イノベーションのジレンマ」の現象です。

その結果として、なかなか新しい事業の立ち上げがうまく進まないという壁にぶつかります。新規事業立ち上げのためには、**新しいチームや新規事業部門を作り、専任で新規事業を担当し推進していくことが必要**です。企業グループ内で人材をコンバートできる部門がある企業は、ぜひ人材を異動させ新規事業チームを新しく作ることを検討してみましょう。

そこにCVCを担う外部VCの人材なども密接に連携していくことで、新規事業立ち上げを力強く推進することができるようになります。

◉ますます期待がかかるＣＶＣ活動

組織上も課題が発生しがちなＣＶＣの運営ですが、日本の大手企業がなかなかイノベーションを自社内だけでは生み出せない中、保有している内部留保を有効活用して外部から新規事業のシーズや事業シナジーを獲得する**実践ツールとして、ますます期待がかかっています**。

本書では、外部ＶＣと共同で専用ファンド（二人組合）を設立して、ＣＶＣ運営をすることを中心に解説してきましたが、その他の方法も含め、**ＣＶＣの活動は日本企業のオープン・イノベーションを推進する実践的なツール**となります。

ぜひしっかりとした制度設計をして、また組織的な課題も乗り越えて、試行錯誤しながらも、粘り強くＣＶＣの運営を開始して続けていただきたいと思います。

それが各企業の新規事業立ち上げに寄与することとなりますし、ひいては日本経済の活性化につながると言えます。

Point

ＣＶＣ投資の成果評価は、既存事業とは異なる視点で行うべきである。また、日本の大企業に根強く残る阻害要因や組織構造上の問題点がＣＶＣ運営の障害となっていることも多い。ＣＶＣ投資をぜひ新規事業立ち上げの課題の突破口としてもらいたい。

付録

付録① 「CVC投資の最新手法　ディスカウント型コンバーティブル・ノート」

米国カリフォルニアを中心にアーリー・ステージでの投資に用いられている最新の投資手法「**ディスカウント型コンバーティブル・ノート**」について解説します。日本ではまだ馴染みの薄い手法ですが、今後類似の手法が用いられるようになる可能性は高いです。とても利用価値の高い手法であるため、ここで紹介します。

❖概略

米国のコンバーティブル・ノート（Convertible Note）は、日本語に訳すと**「新株予約権付転換型社債（または約束手形）」**と呼ばれます。日本にも「転換社債」はありますが、これは英語では「コンバーティブル・ボンド」（Convertible Bond）のことを指します。

ノートは期間が大体18カ月から24カ月ぐらいの比較的短いものを指すのに対し、ボンドは大体３年、５年、７年と期間が長期にわたります。

コンバーティブル・ノートは、**シリーズAよりも前のシード段階の投資においてよく用いられます**。理由として、このコンバーティブル・ノートは、投資の時点で投資先企業の株の正確な価値、すなわち**バリュエーションを決める必要がない**というメリットが挙げられます。

ベンチャー企業の中でもとりわけ**早いステージにある会社の場合、投資する時点で株価や企業価値を正しく評価することが困難なケースが多い**のが現実であり、実際の資金調達あるいは投資においてネックとなります。

筆者が、「ディスカウント型コンバーティブル・ノート」と呼んでいるものは、投資をする時点では株式のバリュエーションを決めずに、「**バリュエーション・キャップ**」というものを決めます。

バリュエーションを決めずに投資する場合、金利は大体４％から８％ぐらい、期間は18カ月から24カ月くらいが一般的です。たとえば24カ月以内にクォリファイド・プライベート・ファイナンシング、つまり正式な株価を付けた適当なラウンドが行われた場合、その株価の大体20％がディスカウントされることが多く、カリフォルニアではスタンダードとなっています。その**株価がついた「プライスド・ラウンド」のときより20％安い価格で（20％がおおよその相場）、これをコンバート（転換）するという規約の付いた社債**という意味で、「ディスカウント型コンバーティブル・ノート」と呼ばれます。

ノートは返済義務のある社債であるため、投資を受けた側の企業としては、返済義務のない株式に転換するために、投資を受けた側としては、**「株価いくら以上の資金調達をしなければいけない」というインセンティブ**が働き、そのために製品開発や事業開発を進めようということになります。

それで、規定した金額以上の資金調達を達成すれば、コンバーティブル・ノートを保有している債権者の分については**自動的に転換がなされて、返済をしなくてもよくなる**わけです。これがコンバーティブル・ノートの特徴です。

❖コンバーティブル・ノートを使うメリット

投資家側からすれば、**株価をまだ明確につけられない段階で投資できるとともに、投資**

先に対して、事業開発や製品開発、セールスを進めて、資金調達を達成しなくてはいけないというプレッシャーをかけて、インセンティブを働かせるというメリットがあります。

一方、投資を受ける側としては、**まだ株価がつかない段階でも投資してもらえることと、株式に転換することができれば返済義務がなくなる**というメリットがあります。

それから、投資を受ける側にとってもうひとつメリットとして挙げられるのは、株式による資金調達の場合、払い込み期日は大体クロージング1回ぐらいに絞り込まないといけないのが、コンバーティブル・ノートでは半年間などオープンにしておき、その都度投資をしたい人が出てきたら受け入れていくこともできる点です。

❖エンジェル投資家

以上の点から、ディスカウント型コンバーティブル・ノートは、どちらかというとシード・ステージのベンチャー企業に投資する**エンジェル投資家が多く使用する手法**であり、筆者が運営しているようなＣＶＣファンドやアーリー・ステージに投資するベンチャーキャピタルが時々用いることがあるという状況です。

エンジェル投資家について言えば、筆者もメンバーとして参加している**テック・コースト・エンジェルズ（略称TCA）**という南カリフォルニア最大のエンジェル投資家のネットワークがあります。これは、シンジケートを組んで皆でデュー・ディリジェンスを行い、複数人で投資するという活動を行っています。

その他にもいくつかエンジェル投資家の集まりはあります。ハイテク系を中心に投資するところもあれば、ライフサイエンスや、バイオサイエンス系を中心に投資するところもあります。

エンジェル投資家とベンチャーキャピタルの投資規模はずいぶん異なります。エンジェル投資家の1回あたりの投資額は10万ドル、グループやシンジケート全体を合わせても50万ドルが多いです。これに対し、シード段階のベンチャーキャピタル、あるいはCVCでは、50万ドルから100万ドルくらいが多いです。

これが本格的なベンチャーキャピタルとなると、1回あたり200万ドルから500万ドル、場合によっては1000万ドルの投資規模になります。日本円で5億円から10億円くらいの額になるので、このディスカウント型コンバーティブル・ノートは使われずに、普通のプレファード・ストック（優先株式）などが使われます。

なお、コンバーティブル・ノートの日本語訳について少し補足しておくと、コンバーティブル・ノートは、新株予約権付転換社債ですが、将来株式に転換できる約束付手形とも言えます。また「ディスカウント型コンバーティブル・ノート」は、転換時にその時点のプライスドの株価より20％程度ディスカウントされるため、筆者のほうでそのように呼んでいます。

❖コンバーティブル・ノートの実際

繰り返しの説明となりますが、コンバーティブル・ノートは、**返済義務のある貸付ですが、満期になる前に「クォリファイド・ファイナンシング（ある一定の条件を満たした資金調達）」の条件を満たすと、自動的に株式に転換されます**。投資時点での企業価値（バリュエーション）について交渉する必要がないため、クロージングを別の投資家で行える、投資家をまとめて払い込みクロージングする必要がありません。

コンバーティブル・ノートに付帯する条件としては、**あくまでも貸付なので金利を一応設定**します。大体４％から８％くらいの間で、実際は５％にすることが多いです。

ただ、この金利が実際に支払われることはほとんどありません。投資家も金利目的で投資しているわけではなく、**クォリファイド・プライベート・ファイナンシングが行われたときに、金利分も同時に株式に転換されることがほとんど**です。

金利分も株式に転換されますので、企業側としては、その分も希薄化が起こることになりますし、投資家側としては、その金利分も株式をもらえることになります。

マチュリティ・レート（満期）として、返済期間は12カ月から24カ月が非常に多いです。また前述したとおり、株式転換時のディスカウント率は15％から25％の間が多く、**20％がスタンダード**となっています。

❖バリュエーション・キャップ

バリュエーション・キャップについては、少し説明が必要となります。

これは**株式への転換時の企業価値の上限を意味します**。バリュエーションの成長予測の2倍程度になることが多いですが、**どんなに高いバリュエーションがついたとしても、このときに設定したバリュエーション・キャップのほうが有利な場合、そのバリュエーショ**

ン・キャップに対して20％などの一定の安い価格で株式を取得することができるという条件をここで被せておくことになります。

そうしないと、早い段階でリスクをとって投資したとしても、結局その後非常に高いバリュエーションがついてしまって、その２割だけ安く株式を取得するということになると、なんのために早い段階でリスクをとったのかわからない状況となるからです。

バリュエーション・キャップは、４００万ドルから６００万ドルくらいで設定しておくことが、シードやプレＡシリーズなどでは一般的です。

❖まとめ

コンバーティブル・ノートは、投資家側がシード段階で投資するときに用いるものですが、その株価については最終的に次のラウンドの投資家に任せてしまう点に特徴があり、それを無制限に決められてしまわないようにするのがバリュエーション・キャップであると言えます。

投資家にとっては、株価をまだ決められない段階での投資、もしくは決めたくないとき

に有効な投資手法と言えます。そして、株価を決めない分、クオリファイド・プライベート・ファイナンシング（正式な株価がつくプライスドのラウンド）が行われたときに、20%程度割安（ディスカウントされて）にコンバートして取得できるスキームです。

また、コンバーティブル・ノートは、返済義務があるものですが、株価が正式につくクオリファイド・プライベート・ファイナンシングを実行すれば、優先株式（場合によっては普通株式）に自動的に転換されて返済義務がなくなるというメリットが、投資を受ける側の経営陣にあります。そのようなインセンティブがあるわけです。逆に、**投資する側から見れば、そういったプレッシャーをかけることができます**。

このように、インセンティブの仕組みがありつつ、株価がまだつけられないような早い段階のベンチャー企業に投資できるスキームが、ディスカウント型コンバーティブル・ノートとなります。

付録②「各社のＣＶＣの事例紹介」

ここでは日本における特徴的な各社のＣＶＣの事例を紹介します。

本文では、二人組合の形態による専用ファンドのＣＶＣをメインに解説していますが、ここではその他、大企業が自前で運営しているファンドや子会社ＶＣの形態のものも含まれています。

❖ＣＶＣ事例　その1

日本の事業会社のＣＶＣには、どのようなものがあるでしょうか。

たとえば、**日本航空（ＪＡＬ）**は、２０１９年1月、国内外のベンチャー企業に投資するＣＶＣを設立することを発表しました。出資総額は約80億円、運用期間は10年間、最先端の技術やビジネスモデルに投資するとしています。

案件の発掘、投資実行、投資後の支援などは、シリコンバレーで実績のあるＶＣ「トランスリンクキャピタル」（カリフォルニア）が担当します。フィンテックやドローン、ＡＩなどを活用したビジネスへの投資を想定しており、フルサービス航空会社（ＦＳＣ）として他社との差別化につなげていくとしています。

同社の場合、**社内から出てこないアイディアや技術を外部から積極的に取り入れていこうとする狙い**があると思われます。今では定着したＬＣＣ（ローコストキャリア）のアイディアを既存の航空会社は思いつくことができなかったことも背景にあったと予想します。

また、ＪＡＬは一時経営再建状態になるまで業績が落ち込み、その後復活したという記憶がまだ新しいため、ベンチャー支援を行うことでイメージアップを図りたいという意図も考えられます。同社は２０１８年４月、東京・天王洲にある本社近くに「ＪＡＬイノベーションズラボ」を開設し、空港や客室の動線を再現したスペースを設け、機内や空港で使用する設備や機器を３Ｄプリンタで試作したり、外部のパートナーを交えて作業するコワーキングスペースを用意したりするなど、ベンチャー支援の姿勢をアピールしています。

ＪＡＬという日本を代表する企業のひとつがＣＶＣを設立して、ベンチャー投資に乗り出すことにエポック的な意味を感じます。

オムロンは他社に先駆けて「オムロンベンチャーズ」というＣＶＣを立ち上げています。同社は明確に投資先を代替型と補完型に使い分けています。具体的には、自社の中で行うべき新規事業のＰＤＣＡを回すことを外部のベンチャー企業に行わせる代替型と、自社が戦略的に行おうとする部分に足りない要素技術を補完してくれるベンチャー企業に投資する補完型という2パターンで投資を実施しています。

日本を代表するメディアの**朝日新聞**もベンチャー企業への投資をかなり行っています。一般に堅い会社というイメージが強い同社ですが、「デジタルメディアへの対応」という部分でベンチャー企業への投資に意欲的です。とりわけ自社のオウンドメディアの拡充に力を入れています。

日本を代表する総合商社である**三井物産**も、事業投資の雄としてＣＶＣで存在感を発揮し、話題となったメルカリなどに巨額の投資をしています。

ソニーはＷｉＬとの共同でＣＶＣファンドを設立し、スマートロックのキュリオなどに投資し、最終的に自社で買収するという流れで成功しています。

NTTグループは、NTTドコモを中心に、600億〜700億円の規模で本業との事業シナジーのあるベンチャー企業に積極的にCVC投資しています。

ソフトバンクグループがアラブと組んだ1兆円ファンド「**ソフトバンク・ビジョン・ファンド**」はカリフォルニアでも有名で、世界のベンチャー企業にとって一番資金調達をしたい先の一つになっています。さらに大規模な2号ファンドの設立もすでに発表しています。

このように、CVCは各社とも戦略をはじめとする特徴がかなり異なります。これからCVCを設立する場合は、どのような特徴を持って始めるかが重要です。

❖CVC事例紹介　その2

次に何らかの点で特徴的な部分を持っているCVCをいくつか紹介します。

①伊藤忠テクノロジーベンチャーズ（ITV）

同社は総合商社である伊藤忠商事の子会社として2000年に設立されました。

総合商社は、歴史的に事業投資という形で本体勘定でベンチャー投資をしてきた経緯がありますが、同社は伊藤忠商事本体から分離した形で投資活動を行うCVCとして設立され現在まで活動を行ってきています。

社名に「テクノロジー」と入っていることからもわかるように、主にテクノロジー関連、特にIT関連への投資をメインに行っています。

投資ステージは、アーリー・ステージを中心に、ミドル・ステージ、レイター・ステージにも一部投資を行うなど、バランスのとれた投資を行っています。

投資対象地域は、日本を中心に、シリコンバレーを中心とする米国、さらには中国と海外にも及んでいます。

投資サイズについては、シード&アーリーステージは、1回あたり1000万円から1億円、ミドル&レイターステージは5000万円から5億円となっています。ある意味、日本における典型的なベンチャーキャピタルの1社と言えるでしょう。

最近では、メルカリ、Peatix、クラウドワークスなどに投資しています。

2014年3月には、グローバル・ブレイン、グロービス・キャピタル・パートナーズ、GMOベンチャーパートナーズなどと共同で、第三者割当増資という形でメルカリに総額

14・5億円の投資を行ったことが最大の話題になりました。

その他、2018年6月には、YJキャピタル、みずほキャピタル、グリーベンチャーズ、コロプラネクスト、The Venture Reality Fundと共同で第三者割当増資によって、VRコンテンツの制作・配信・分析プラットフォームを提供するベンチャー企業、Instar VR株式会社に総額5・2億円を投資しており、これも代表的な投資事例となっています。

このように、伊藤忠テクノロジーベンチャーズは、他のベンチャーキャピタルとの共同出資、すなわちシンジケートで投資していることが多いことがわかります。

また、同社のホームページのトップ画像には、様々な国籍のスタッフの写真が載っており、多様性に富んだグローバルなベンチャーキャピタルであると言えます。

同社の中野慎三社長は日本ベンチャーキャピタルリスト協会の代表理事（会長）も務めており、日本を代表するベンチャーキャピタルのひとつです。

②GMOベンチャーパートナーズ

GMOベンチャーパートナーズは、東証一部上場企業であるGMOインターネットグループの100%子会社です。GMO自体、独立系ネットベンチャーとして国内初となる

ＩＰＯを１９８９年8月に達成しており、その後、ＧＭＯインタネットグループ１１０社の内、９社が上場企業になっています。

同社のオーナーは熊谷正寿氏が務めており、大手ＶＣであるジャフコ出身の村松竜氏が看板役員になっています。その他の役員のメンバーも、様々な優秀な高学歴な人材がそろっていることが特徴的な印象を受けます。

投資対象としては、日本国内外の未上場のＩＴ系ベンチャー企業への投資を行い、事業拡大や企業価値向上の支援を行っています。また、アジアおよび米国企業にも投資を行っています。投資対象はマルチステージで、アーリー・ステージからレイター・ステージまで広範な投資を行っています。

現在の投資資産総額は約１６０億円。すでに１２０社に投資済みで、そのうち13社がＩＰＯしています。内訳は国内が13社、海外が2社です。

ＩＰＯを達成した国内13社（アクセルマーク、ＬＩＦＵＬＬ、フリークアウト・ホールディングス、フルスピード、ベクトル、マネーフォワード、メルカリ、ユーザベース、リアルワールド、ロックオン、ラスクル）はいずれも上場しています。その他、インターネットセキュリティの中国企業「三六零安全科技股份有限公司」が上海市場で、モバイル決済プラットフォームの米国企業「Boku Inc.」がロンドン市場で上場しています。

同社の特徴として、親会社のＧＭＯインターネット自体、創業者の熊谷氏が現在も40％超の株式を保有しているオーナー企業であることと、インターネットのインフラ構築事業に経営資源を集中していてゲームやアプリなどのコンテンツ事業への展開はあまり積極的ではないという状況があります。

仮想通貨事業は前期決算で14億円の赤字を計上しており、収益化の目処が立っていないため、事業継続を検討する必要があるとも一部報道が出ています。それ以外の事業は順調に利益を計上しており、インターネットビジネス全体の拡大の恩恵を受け、会社全体としての事業見通しは良好な状況であり、そういった状況を背景としてベンチャー投資を行っています。

ＣＶＣの特徴としては、親会社であるＧＭＯインターネットの事業に関連したインターネットインフラ事業とインターネット広告を中心に投資を行っていることが挙げられます。また前述したとおり、国内企業ばかりでなく米国とアジア圏の企業にも投資対象を広げています。

グループ全体の連結売上高が１８５１億円であるのに対し、ＣＶＣが１６０億円もの投資を行っているのは、ＣＶＣを通じたインキュベーション事業に相当な期待をしていると考えられます。

先ほど述べたとおり、１２０社への投資企業に対して13社が上場しているのは、ＣＶＣとしてかなり好成績と言えるのではないかと思われます。投資対象分野の事業環境の良好さがうかがえます。

投資先企業がＺＯＺＯタウンを運営する株式会社ＺＯＺＯにバイアウトされるケースが多いことも特徴となっています。

③セールスフォース・ベンチャーズ

米国のセールスフォース・ドットコムのＣＶＣです。米国のSalesforce.com, Inc.、日本では株式会社セールスフォース・ドットコムとなります。日本の代表者は、伊藤忠テクノロジーベンチャーズ出身の浅田慎二氏です。

ＣＶＣとしての投資活動は、アメリカでは２００９年から、日本では２０１１年から始まっています。投資実績は、20カ国で３００社に及び、うちＩＰＯしたのは15社となっています（セールスフォース・ドットコムのホームページから）。

同社の最大の特徴は、企業慈善活動などに取り組んでいる点です。

たとえば、「Pledge 1%」と提携して、同社のポートフォリオ企業が優先的に利益を還元することを奨励しています。投資した分の1％を「Pledge 1%」に寄付します。それから、従業員の時間の1％をボランティア活動に充当したり、製品の1％を寄付したり、利益・収益の1％を寄付することを投資先に義務づけています。

最近は、新しくオーストラリア向けの約50億円のファンドを設立しており、オーストラリアへの投資に注力していることがうかがえます。

同社の日本への投資については、2011年から1億ドル（約100億円）のファンドを設立して、日本のベンチャー企業を強化し、クラウドの革新を促進して、顧客の成功を促進するという目標で行われはじめています。

投資実績、投資数はかなり充実しており、投資先企業としてはAIベンチャーのABEJA、人材採用のビズリーチ、会計ソフトのfreee、ネット企業のネットイヤー、ウェブマーケティングのシャノン、名刺管理システムのSansan、そのほかトランスコスモス、Yappliなど、非常に充実した内容になっています。

以上をまとめると、セールスフォース・ベンチャーズは、グローバルな投資活動を行っていることと、「Pledge1%」と提携して慈善活動を絡めた「投資プラスＣＳＲ」モデルとなっています。

事業シナジーを「自社製品との接続」「自社プラットフォームの開発」と定義して、投資活動を行うなど、事業シナジーの定義を明確にしています。

また、投資先が成長して投資する側になるサイクルを作ろうとしていることが特徴と言えます。

④Hitachi Ventures GmbH（ＨＶＧ）

日立製作所はファンド総額１６０億円規模のＣＶＣを設立したことを、２０１９年4月26日にプレスリリースしました。ＧｍｂＨとはドイツ語で有限会社という意味です。同社の設立によって、日立製作所は今後欧州や米国を中心にベンチャー企業へ投資をすることになります。

リリースによると、日立製作所は「これまでＩｏＴ時代のイノベーションパートナーとして顧客の課題解決に取り組んできたが、その一方でデジタル化の急速な進展に伴い、国内外でスタートアップ企業の活躍も目立つようになってきている。そのような流れを受けて、同社では戦略的な投資を通じて、スタートアップが生み出す破壊的な技術やビジネスモデルと日立の技術・知見や顧客基盤を融合。新たなイノベーションの創出や顧客の課題解決を促進するべくＣＶＣの設立を決めた」とあります。

また、日立製作所の東原敏昭社長は「私は、今回立ち上げるＣＶＣファンドを通じて世界で起きているイノベーションを早期にとらえ、日立が支援することで、その動きを加速させたいと考えています。そして、革新的な技術を持つスタートアップ企業との協創を深化させ、新しい市場をいち早く開拓することで、双方がグローバル市場でともに成長することをめざします。この取り組みにより、日立は新しいビジネスモデルの構築や最先端の製品・サービスの開発を加速させ、社会に新たな価値を提供していきます」とコメントしています。

日立製作所は連結売上でトータル約10兆円を誇る大手企業にもかかわらず、１６０億円というファンド規模は、他社に比べてやや小さいのではないかとの印象を受けます。詳しい事情はわからないものの、最近イギリスの鉄道事業の大型案件を失注したこともＣＶＣ設立に何らかの影響を受けているのではないかとの予測もできます。

ＣＶＣは、単に現場レベルのツールとして設立されるものではなく、会社経営全体の経営戦略の中で位置づけられるべきものです。そういった面で言えば、日立製作所にも、会社全体の何らかの経営戦略上の意味がこのＣＶＣ設立にあるのではないかと考えられます。

⑤フジ・スタートアップ・ベンチャーズ

フジテレビを中心とするフジ・メディア・ホールディングスもＣＶＣを設立し、「株式会社フジ・スタートアップ・ベンチャーズ」という名前で活動しています。

同社は２０１３年の設立で資本金は１０００万円、「フジ・スタートアップ・ファンド１号投資事業有限責任組合」を２０１３年２月から資金総額15億円でスタートしています。

投資対象領域は、ＩＴを用いたメディア領域全域、投資対象企業はスタートアップ企業、投資対象地域は海外も含んでおり、金額の上限は特に設けていないとしています。

同社の投資は、投資リターンを重視するとともに、ベンチャーとの接点を作ることでそこから学んだり、人材育成につなげたりすることも期待されています。

一般にテレビ局はインターネット関連事業に弱いというイメージがあります。同社の場合、まさに自社だけでは不可能なことを、ベンチャー企業のスピードや人材リソースによって強化できることが新事業創出において必要だと考え、ファンド設立を行ったとのことです。

ベンチャー企業にとって、ゼロから信用を築いて取引先を開拓するのは大変困難なことです。一方、テレビ局は多くのスポンサー企業に恵まれているため、それらスポンサー企業とベンチャー企業を連携させることで信頼が増し、投資先の成長を促したり、テレビ局サイドも高品質なコンテンツの制作といったシナジー効果を得られる可能性があることを期待しています。

さらに、スポンサー企業と投資先のベンチャー企業をマッチングすることで、宣伝広告の支援を得られる可能性もあると考えています。

フジ・メディア・ホールディングスのCVCは、これまで約20社に投資しています。興味深いのは、フィナンシャルなリターン、新規事業のシーズを発掘することのほかに、自社の働き方改革推進という目的の投資も行われている点です。働き方改革は、報道機関においても重要な課題となっており、アナログな労働集約型の労働スタイルから変革するにあたり、IT企業との連携を推進したいとフジ・メディア・ホールディングスは考えており、そのためにCVC投資が行われているという側面があります。

たとえば、SNS上の投稿を監視し事件や事故などの情報を自動的に収集・判別したり、選挙の出口調査よりも精度の高い世論調査をリアルタイムで報道機関に配信するサービスを行うＪＸ通信社に投資しています。これにより、記者は記者にしかできないことに集中することができるようになっています。

その他、「Ｓｐｅｃｔｅｅ」というＳＮＳ上に投稿される災害・事件情報をリアルタイムに収集し、報道機関向けに配信するサービスをやっている会社にも投資しています。これは、画像の分析もＡＩが行います。これも働き方改革が進む現代において、限られた時間の中で記者が記者にしかできない仕事に集中するためのサービスとなっています。

⑥ＪＲ西日本イノベーションズ

同社の親会社はＪＲ西日本（西日本旅客鉄道）です。比較的規模の大きなベンチャー投資はＪＲ西日本本体で行い、小規模のベンチャー投資を同社で行うことになっています。『週刊東洋経済』２０１６年12月号に、「ＪＲ西日本のベンチャー投資は成功できるか。保守的な社風の打破に向け、投資候補は１００超」という記事が載っています。

この記事によると、投資対象領域としては、１番目が運輸業、２番目が流通業、３番目が不動産業、４番目がホテル・旅行となります。このように目的対象が明確であることが特徴です。

ちなみにＪＲ東日本は、２０１８年に50億円のＣＶＣファンドを設立しており、投資後最終的にグループインすることが前提になっています。

ＪＲ西日本イノベーションズは、２０１６年設立で出資枠は30億円です。本体のＪＲ西日本は、売上は連結で１兆５０００億円くらいの会社で、その規模の内の30億円ということとなります。代表取締役社長は、ＪＲ西日本の総合企画本部担当部長の奥田英雄氏が兼務しています。

インターネット情報によると、経営共創基盤の冨山和彦氏にＪＲ西日本のより一層の発展を相談したところ、「ＣＶＣをやってみたらよいのでは」という提案を得て、ＣＶＣ活動を行うことになったということです。

同社のミッションは、ＪＲ西日本グループとともに、外部の技術・ノウハウによるイノベーションを活用し、鉄道の持続的運営および事業創造の拡大を実現し、西日本エリアをはじめとする地域の活性化に貢献することとなっています。

投資対象は、「地域ビジネス」「働き方改革」「インバウンド」「次世代モビリティ」「ヘルスケア」「さらなる新規事業」の６つとなっています。シードからレイターまで幅広いステージの企業を投資対象としています。

投資ポートフォリオとしては、2016年から13社に投資を行っています。たとえば、地図情報道先案内のブイテック、中国人などにSIMカードの情報を提供しているワイメイジング、予約管理のデジタルイノベーションのグークリオ、瀬戸内の観光のフェリー会社など小さな会社にも投資をしています。投資の目的がはっきりしており、地元に密着した取り組みを行っています。電脳交通というタクシーの配車会社にも投資しています。

また関西以外のエリアの企業にも投資しています。たとえば古民家を活用し地域の活性化を実現するバリューマネジメントという会社に投資しています。それによって歴史的建造物を再生した地域活性化を行うとしており、業務協力も本体のJR西日本と行っています。

～巻末特別対談～

CVC投資は、21世紀型企業になるために不可欠な手段だ

日本の大企業にとって、ベンチャー企業との協働（コラボレーション）によるオープン・イノベーションなくして、発展は望めない時代となりつつある。日本を代表するカード会社であると同時に、積極的にベンチャー投資を進めてきたことで知られるクレディセゾンの林野宏会長に、CVC投資を含めたベンチャー投資について様々な角度から話を聞いた。

21世紀に生き残るヒントはベンチャー企業の中にある

冨田　本日は日本のコーポレート・ベンチャーキャピタル（以下、ＣＶＣ）やベンチャー投資について、様々な角度からお話させていただければと思います。

まずＣＶＣとは、事業会社がベンチャー企業に投資するためのベンチャー・ファンドであるわけですが、林野会長は経済同友会の副代表幹事を歴任し、また古くからサイバーエージェントの藤田晋氏、マネックス証券の松本大氏、ＧＭＯインターネットの熊谷正寿氏をはじめとする多くのベンチャー起業家と積極的に交流されています。大手企業の代表がこれほど熱心にベンチャー起業家と分け隔てなくお付き合いされているケースは多くないように思うのですが、どうしてそのような取り組みをされているのでしょうか。

林野　率直に言ってしまうと、大企業の社長同士でいろいろ話をしていても、刺激や新しい発想がなかなか生まれてこないんですよね。自分がまだ知らない情報とか、今後経営していく上で役に立つような情報や人脈は、ベンチャー起業家たちの間にあるわけです。「21世紀の日本を支えていくものとは何か」を考えた場合、言ってみれば〝過去の人たち〟と〝未来の人たち〟との間に大きな差があるから、〝未来の人たち〟と付き合わせてもらうのが正しいやり方ではないかと私は思っているんです。

冨田 実際、ベンチャー起業家の人たちと付き合うことはメリットが大きいと思われましたか？

林野 すごく思いましたね。彼らがどのような価値観で、どのような事業をやっているのか。そして、それがなぜ発展していくのか。いろんなことが勉強になります。自分の会社にも絶えずそれらを取り入れていかなくてはいけないと思っています。

冨田 そのような交流がきっかけで、ベンチャー企業への投資をスタートしていったということでしょうか？

林野 2012年にサイバーエージェントのベンチャーキャピタルに投資したのが初めてでした。その後、2013年にGMO、2014年にイーストベンチャーやグリーなどへ、投資を始めていきました。

冨田 クレディセゾンは外部のVCファンドに投資するとともに、本体勘定からの直接投資、VC子会社としてカード業界では初となるセゾン・ベンチャーズからの投資と

林野 いったように、CVC投資に関しては、すべての手法を使われています。ここまで積極的にCVC投資に取り組まれている理由を教えていただけますか。

冨田 やや、オーバーに言ってしまうと、それは私の経営哲学みたいなものです。私の経営哲学の中には「何事も面白がってやる」というのがあるんです。遊びと仕事を融合させてしまうのが一番面白いのではないかと考えています。嫌々やっていても成功しない。面白がってやるから進化するし、成功するのではないかと。だから、CVC投資を通じてアントレプレナーの人たちとの関係が深まれば、普段会っている大手企業の経営者とはまったく違う刺激を受けられる。そういう人たちの考え方を自分の会社の中に持ってこられるということですね。

林野 やはり自社の中へ、アントレプレナーが持っている仕事を楽しむような雰囲気とか、新しいものを生み出そうとする意欲を取り込んでいこうという意図はかなり強いのでしょうか。

冨田 それは堤清二（元セゾングループ代表）さんから教わりましたね。次から次へと異常なスピードで事業を展開していく姿を若いときに見ていましたから。事業とはアメーバのようにどんどん膨らませていくようなものであると。

事業計画書だけではベンチャー企業の成長性を見極められない

冨田 その場合、社内の人たちだけではなく、やはり外部のベンチャー企業と連携して進めていくことがとても重要だということですね。投資先の選定はどのような基準でされているのですか。

林野 ベンチャー投資の場合、下手な鉄砲ではないですが、100打って3つか4つ当たればいいという発想になります。そうすると、中期計画がどうとか数字で判断するのではなく、直感的に、「このビジネスモデルは面白い」とか、「この人は冴えている」とか、判断の基準が感性寄りになります。

冨田 私も投資にあたって、「8割がたは人で見極めている」というのが実際です。特にアーリー・ステージのベンチャー企業の場合、事業計画書の数字では判断しきれず、「この人なら事業を伸ばせるかどうか」という観点で投資を決めていますね。

林野 事業計画書はあくまで机上のプランにすぎないものですよ。それを見て判断を下すことは無理ですよね。

冨田 本体勘定からの投資の場合、数億円というのは、御社規模の会社としても大きな規模のベンチャー投資になると思うのですが、社内のコンセンサスを作るとか、計画的にいくらぐらい投資しようとか、そういったことを決めてやっていらっしゃるんでしょうか。

林野 もちろん全体のポートフォリオを考えながらやりますが、ベンチャー投資というのは、時に決断も必要になりますね。

CVCの担当者を本業と兼任にしている理由

冨田 そういう面では、林野会長がトップダウンでリードして、ベンチャー投資を推進してこられたということでしょうか。

林野 そうですね。最初の段階では私がトップダウンで決断することがほとんどで、少しずつ社員にも慣れていってもらう形で進めています。

冨田 御社の場合、「セゾン・ベンチャーズ」という専用のVC子会社を作られた際、ベン

林野　チャーキャピタリストを外部から連れてくるのではなく、社員の方々が運営を担当されているところが特徴と思っています。それはどのような狙いなのでしょうか。

日本では昔からお金や投資に対する教育が行われてきませんでしたよね。だからCVCの担当者を自社で育てるのはなかなか難しいと思っているんです。私がアントレプレナーの人たちとのネットワークを作って、彼らと交流することにより、情報が集まってくる。そこからいろんなことを学べるのでCVCの運営自体は社員に任せるという考えですね。運営を通じて社員に「ベンチャー投資とは何なのか」を肌身で理解してもらう。外部から優秀なベンチャーキャピタリストを一人連れてくると、その人が仕切ることになってしまい、社内で情報やノウハウを共有できなくなると思っているんです。

それから、当社の場合、CVCのメンバーたちが専任ではないという点が特徴的とよく言われます。皆メインの仕事を持っていて、その傍らCVCの仕事をしています。これは、他の事業とのシナジーを考える、いいきっかけになるという狙いです。

クレディセゾンが考えるシナジー効果とは

冨田 林野会長はご自身が早くから上場株式投資をされているので、そのあたりが今のセゾン・ベンチャーズの社員の方々も感化されている部分があると感じます。実際、御社の投資のポートフォリオは素晴らしいですね。これだけの有望企業に投資できているというのは、普通のVCではなかなかできないと思います。やっぱり「クレディセゾン」というブランドと、林野会長の人脈があってのことだと思います。投資を受けるベンチャー企業には、御社はどのように見られているのでしょうか。

林野 当社にはカード会員3700万人の顧客がいるんですね。しかもカード決済してもらっているから、履歴がわかる。これはベンチャー企業から見るとシナジーという意味では魅力的だと思います。それから当社が出資すると、他からもお金が集めやすくなると思うんですよね。

冨田 信用が増しますからね。

林野 そういう点では、当社にわざわざ「投資してほしい」と来てくれる会社もたくさんあります。

冨田 CVC投資には、2つのメリットがあると言われています。1つが本業とのシナジー。もう1つは新規事業の芽となるような技術シーズや事業シーズの獲得です。

林野 私はもう1つ、純投資としてのリターンも加えていいと思っていますが、現場でやっている担当者たちはやはりシナジーから入っていこうとすることが多いですね。

冨田 私が運用しているファンドも、CVCである以上、純投資を狙う案件はごく一部に限定しています。ただ、ファンドのパフォーマンスが悪くなるぐらいだったら、純投資でファンドのパフォーマンスを上げたほうがいいという考え方もありますね。

林野 だけど、純投資の難易度はもう少し高いですよね。「投資して一緒に成長する」というギブアンドテイクの関係になりやすい案件のほうが選ばれやすいですね。

冨田 ギブアンドテイクの関係になりやすい案件とは、どのようなものでしょうか？

林野 VC子会社のセゾン・ベンチャーズが投資している案件ですね。決済とか、シナジーの出るものが多いと思います。アーリー・ステージとかシード・ステージの案件はセゾン・ベンチャーズが投資し、それ以外の投資のスケールが大きいものについてはクレディセゾン本体から投資する。海外については、シンガポールにSAISON

CAPITALという会社を作りました。

ベンチャー投資のポイントは、失敗をおそれないこと

冨田　御社の場合、投資先の数が非常に増えていると思うのですが、ベンチャー投資は、必ずしもすべてがうまくいくとは限らなくて、失敗案件も必ず出ると思うのですが、そのあたりについてはどのように考えておられますか。

林野　ベンチャー投資に百発百中なんてあり得ないわけで、「多角的に可能性を追求する。そうすれば全体としては勝つ」という考えです。

冨田　分散投資でやれば、うまくいかないものがあっても、どこかがうまくいくから、全体のポートフォリオとしてリターンが確保できるという考え方ですね。

林野　それからシナジーを出すために、投資先企業を成長させられる要素を我々自身が持っているということですね。そこがいわゆる普通のVCとは違うところです。

冨田　理論的にはそういうことになりますが、日本企業の中には、失敗案件が1件でも出

ると、担当者が周りから責められるという話も聞きます。御社ではそのあたりをどう捉えておられますか。

林野 私は極端な話、こんなことを言っています。日本のエスタブリッシュドな企業が投資した会社は、私から言わせると、ベンチャー企業ではないと。ベンチャー企業というのは、どうなるかわからないからベンチャーと言うのであって、デュー・ディリジェンスをきちっとやって、「5カ年計画はあるのか」と慎重に取り組んでいる案件は、そういう人たちに任せておけばいい、我々はそうではないところに投資すると言っています。

冨田 リスクをとった以上、失敗案件は必ず出るということですね。

林野 当たり前ですよ。だからベンチャーと言うのです。冒険しなければ駄目です。

冨田 そこはトップである林野会長がCVC投資の担当者にしっかりお話しされているということですね。

林野 最初から正解を求めるようなやり方ではなく、「自分で考えて、自分で意思決定していく」というフィロソフィーが担当者のDNAに刻まれるように言っています。

冨田 私もセミナーで「『検討します』ばかりやっていても結論は出ないですよ」と申し上

げることがあります。大企業の担当者の方々はよく「調べます」と言われるのですが、ベンチャー投資の場合、限られた情報の中で決めるしかないのに、決め切れない傾向がありますね。御社の場合、その点、意思決定が速いですね。

林野 私も社内会議で「今、検討しています」とよく言われるのですが、「ここは会社であって、ボクシングジムじゃないんだ。拳闘（検討）をいくらしたって、富は生まれてこないよ」と言っています（笑）。

ベンチャー投資の担当者に求められる能力とは

冨田 CVC投資やベンチャー投資する担当者には、IQ（Intelligence Quotient　知能指数）やEQ（Emotional Intelligence Quotient　心の知能指数）だけでなく、林野会長が以前言っておられたSQ（Sensibility Intelligence Quotient　ビジネス感性）が大切かもしれないですね。運とツキがあって、何事も楽しめるようなセンスが。ところで、PwCアドバイザリー合同会社の調査によると、CVCファンドを運用している会社の約３割、26％が「あまり順調ではない」と答えているんですね。運用期間が長くなればなるほど、特に3年以上になった場合は45％が「順調ではない」と。どういうことがうまくいっていないかというと、「適正な投資条件で投資できているか自信がない」とか、「良い投資先を見つけることができない」とか。「投資担当者の熱意に押し切られ、ほぼ全案件が投資委員会を通過してしまう」とか。それから、３年以上の担当者の27％が「事業シナジーが思ったほど実現できていない」とか。この調査結果についてはいかがお考えでしょうか。

林野　大体予想したとおりですよね。投資の見極めは長い期間やっていたら駄目ですよね。

冨田　やはりある程度のところで見切ったほうがいいということでしょうか。

林野　そうです。駄目だと思ったら早く見極めて損切りして売却するなどを考える。

冨田　そういう意味では、ＣＶＣはベンチャー企業と本格的に提携してやっていく前に、まずはお見合いというか、相手を吟味する手法のひとつと考えるのが、正しい捉え方なのかもしれないですね。

林野　シードとかアーリー・ステージのベンチャー企業の場合はそうですよね。

21世紀型企業になるためにCVCの設立は当たり前

冨田　最後の質問になりますが、これからの日本企業の新規事業立ち上げにおけるＣＶＣの役割や重要性、展望についてどのようにお考えでしょうか。

林野　先ほどもお話ししたように、企業も事業も商品もサービスも、デジタル・トランスフォーメーションによって、自らを変えてしまわない限り、生存が許されない時代になります。したがって、あらゆる企業が何らかの形でベンチャー企業を取り込む必要が出てきます。そのベンチャー企業を取り込むひとつの方法として、ＣＶＣを設立することはもう検討する余地もないぐらい当たり前のことではないですか、と言いたいです。21世紀型の企業になるための一番の手段がＣＶＣですよね。

冨田　ＣＶＣ投資のメリットとして、アントレプレナーシップのある人材、柔らかい頭とやる気があって前向きな人を取り込んでいけるということですね。

林野　そういうことです。アントレプレナーは、お金というものの価値がわかっていて、お金がないと事業が大きくならないことがわかっていますからね。だからベンチャー

冨田 企業にお金を出すということは、ある種のギブアンドテイクの関係になりますね。大企業が内部留保で貯めているお金をCVCに入れてそこから出すわけですからね。今有望なベンチャー企業は、お金を出してくれない大企業と付き合ってくれない時代になりましたので。

林野 その一方で、大企業がCVCを作ってかなりの額をベンチャー企業に出資するようになると、今度は法外な値段をつけたベンチャー企業がマネタイズしていなくなってしまうという問題が起こるかもしれませんね。

冨田 最近東京はそうなりつつあると思います。CVCは何らかの事業シナジーがあるとなると、株式のバリュエーションが甘くなってしまうので、容易にファイナンスができてしまうベンチャー企業が増えていると思いますね。

林野 少しくらいはいいのだけど、度を越えてしまうと健全ではなくなる。でも、いずれにせよ、ベンチャー企業に手をつけない企業は継続発展できないということだけは言えます。

冨田 やはり、ある一定以上の規模を持つ会社にとって、CVC投資は必要なことだということでしょうか。

林野 会社の継続的な存在のために必要な投資だと考えるべきでしょうね。

冨田 内部留保を貯めて無借金経営というのは、かつては賞賛された経営ですが、今は逆の評価になっていますね。

林野 今みたいに良質の資金が大量に低利で提供されているときに、それをリーズナブルに6%とか10%で運用できなければ、経営者としては失格ですよね。マイナス金利なんて、貨幣の歴史の中で一度もないのですから。

冨田 そういう意味では、今がまさにCVC設立のチャンスということが言えるでしょうか。

林野 そういうことです。デジタル・トランスフォーメーションをやろうとするとき、社内に人材がいなければ、外から借りてくるしかない。自社とシナジーのある事業をやっているベンチャー企業を見つけてきて、そこに投資すれば、いろんなことがわかるようになる。CVCはそれを中に取り込んだり、一緒に事業をやったりすることによって、21世紀型の企業に生まれ変わることができるための入口ですよね。まさにオープン・イノベーション。社内のクローズドな組織の中でイノベーションを起こそうと思っても難しいので、オープン・イノベーションの手段としてCVCは極めて有効ということです。

冨田　本日はどうもありがとうございました。

（対談日　２０１９年８月８日、対談場所　株式会社クレディセゾン、対談撮影　鈴木英隆）

TOKI
EVERY SUNDA
ON AIR

おわりに

本書では、新規事業立ち上げをオープン・イノベーション戦略で推進するための重要なツールであるコーポレート・ベンチャーキャピタル（CVC）について、専用ファンド（二人組合）の設立を中心に解説しました。

筆者の単著としては5冊目となります。筆者自身がこの数年間、実務的に取り組んできたこと、そして一部、研究者として取り組んできたことを書かせていただきました。

CVCの実務について書かれた本があまりない中、オープン・イノベーションの推進のためにCVCを立ち上げてみたい、何か打ち手がないかと模索されている方々にとって参考となる情報を提供させていただけていたら幸いです。

筆者は今後も、CVC投資活動に力を入れ、知識・ノウハウを積み上げていきたいと思います。

そして、日本企業の内部留保をCVC（二人組合）に還流させ、それにより各社の新規事業立ち上げの推進、及び既存事業の事業拡大に寄与していきたいと強く願っています。

これから数年は、CVCがまさに経営戦略の主役となる年になると筆者は考えています。とりわけ今年2020年はオリンピック・イヤーでもあり、日本でのベンチャー勃興も盛んな中、そこに、大企業が内部留保資金をCVCを通じて還流させることは、日本経済の活性化も期待できます。

CVC投資が、日本企業のイノベーション創出、ひいては日本経済全体の活性化につながると信じています。


最後に、本書の執筆にあたり、粘り強く対応してくれた編集担当の田所陽一さんには、心から感謝申し上げたいと思います。

さらに、付録として収録した各社CVCの事例の調査をしてくれた立教大学ビジネススクール（大学院ビジネスデザイン研究科）の筆者の「ベンチャー金融論」（2019年春学期）の受講生のみなさんにも感謝いたします。また、同講座のゲストスピーカーとして「ディスカウント型コンバーティブル・ノート」について解説、情報提供してくださったカリフォルニア大学サンディエゴ校のJFIT（Japan Forum for Innovation and Technology）

の清泉貴志さんにも、併せて感謝を申し上げます。

2020年1月　外苑前の青山通りのオフィスにて

冨田　賢

〈参考文献〉

入山章栄（2012）『世界の経営学者はいま何を考えているのか』（英治出版）

入山章栄（2015）『ビジネススクールでは学べない世界最先端の経営学』（日経 BP 社）

倉林 陽（2017）『コーポレートベンチャーキャピタルの実務』（中央経済社）

経済産業省 産業技術環境局　技術振興・大学連携推進課（2017）『事業会社と研究開発型　ベンチャー企業の連携のための手引き（初版）』

経済産業省 産業技術環境局　技術振興・大学連携推進課（2018）『事業会社と研究開発型ベンチャー企業の連携のための手引き（第二版）』

経済産業省 産業技術環境局　技術振興・大学連携推進課（2019）『事業会社と研究開発型ベンチャー企業の連携のための手引き（第三版）』

KPMG FAS（2018）『実践 CVC 一戦略策定から設立・投資評価まで』（中央経済社）

トーマツベンチャーサポート（2017）『実践するオープンイノベーション』（日経 BP 社）

冨田賢（2014）『新規事業立ち上げの教科書　ビジネスリーダーが身につけるべき最強スキル』（総合法令出版）

冨田賢（2017）『IoT 時代のアライアンス戦略　人工知能の進化とマッチング数理モデルの提案』（白桃書房）

Clayton M. Christensen(1997)“The Innovator’s Dilemma”, Harvard Business Review Press（邦訳　玉田俊平太監修　伊豆原弓訳（2001）

『イノベーションのジレンマ』（翔泳社））

Henry Chesbrough(2003)“Open Innovation”, Harvard Business Review Press（邦訳　大前恵一朗訳（2004）『OPEN INNOVATION ――ハーバード流イノベーション戦略のすべて』（産能大出版部））

Paul Gompers & Josh Lerner(1999)“The Venture Capital Cycle”, The MIT Press（邦訳　吉田和男監訳，冨田賢翻訳『ベンチャーキャピタル・サイクル～ファンド設立から投資回収までの本質的理解』（シュプリンガー・フェアラーク東京、2002 年））

【著者紹介】

冨田 賢（とみた・さとし）

CVC JAPAN 株式会社 代表取締役社長
慶應義塾大学大学院政策・メディア研究科 後期博士課程修了、博士号（Ph.D.）取得。京都大学大学院経済学研究科 修士課程修了、経済学修士。慶應義塾大学総合政策学部（SFC）卒業。

東京・青山にて、2008 年から新規事業立ち上げ、アライアンス、営業支援、M&A、IoT・AI に関する経営コンサルティング会社を経営し、200 社以上のコンサルティングを行った実績を有する。2019 年現社名に変更。2017 年から、東証一部上場企業のコーポレート・ベンチャーキャピタル・ファンド（CVC ファンド）を複数、受託運用し、米国カリフォルニアやシンガポール、オーストラリア、日本等のベンチャーに投資。案件発掘からデュー・ディリジェンス、投資先のフォローアップを、投資委員会委員長として行っている。かつて独立系 VC の立ち上げに参画し、自社 VC 及び投資先数社の株式上場（IPO）を達成した経験も有する。

2017 年度から 2019 年度まで、立教大学大学院ビジネスデザイン研究科（立教ビジネススクール）の特任教授として、ベンチャー金融論、ベンチャー企業論、アライアンス戦略論、テクノロジー＆ストラテジー、ビジネス・シミュレーション、ゼミ（修了研究指導）等を担当。

主な著書として、『新規事業立ち上げの教科書　～ビジネスリーダーが身につけるべき最強スキル』（総合法令出版）、『IoT 時代のアライアンス戦略　～人工知能の進化とマッチング数理モデルの提案』（白桃書房）など。『日経ビジネス』主催セミナー等での講演も多数実施。また、国際学会にて、企業間アライアンスのマッチング数理モデル研究にてアワードを受賞するなど、海外の学術ジャーナルへの論文投稿等も行っている。現在、カリフォルニア大学サンディエゴ校（UC サンディエゴ）客員研究員を兼務。

CVC JAPAN Web サイト：https://www.cvcjapan.com/
冨田賢への連絡：https://www.cvcjapan.com/contact/
冨田賢 Facebook：https://www.facebook.com/tctomita

新規事業のためのCVC活用の教科書
～オープン・イノベーションの実践ツール～

2020年2月22日　初版発行

著　者　冨田 賢
発行者　野村直克
発行所　総合法令出版株式会社
〒103-0001　東京都中央区日本橋小伝馬町15-18
ユニゾ小伝馬町ビル9階
電話 03-5623-5121

印刷・製本　中央精版印刷株式会社

落丁・乱丁本はお取替えいたします。

ISBN 978-4-86280-727-4
総合法令出版ホームページ　http://www.horei.com/